PIANO · VOCAL · GUITAR

TOP HITS
of 2016

ISBN 978-1-4950-7252-9

7777 W. BLUEMOUND RD. P.O. BOX 13819 MILWAUKEE, WI 53213

Visit Hal Leonard Online at
www.halleonard.com

BURN
from HAMILTON

Words and Music by LIN-MANUEL MIRANDA
Arranged by Alex Lacamoire and Lin-Manuel Miranda

Do you know what An - gel - i - ca said_ when we saw your first let-ter ar - rive? She said,

"Be care - ful with that ___ one, love. He will do ___ what it takes to sur - vive." You and your

words flood-ed my sens - es. Your sen - tenc - es left me de - fense-less. You built me

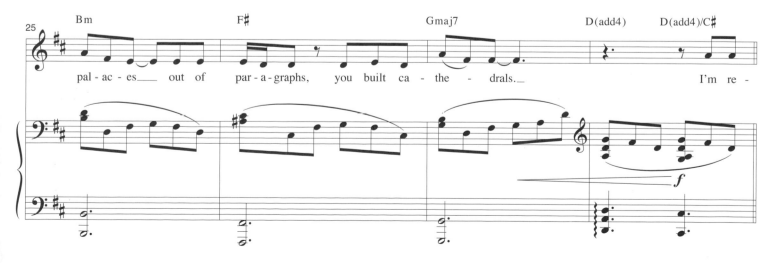

pal - ac - es ___ out of par - a - graphs, you built ca - the - drals. ___ I'm re -

pub-lished the let-ters she wrote you.__ You told the whole world how you brought this girl in-to our

bed. In clear-ing your name, you have ru-ined our_____ lives._____

Do you know what An - gel-i-ca said when she read what you'd done? She said,

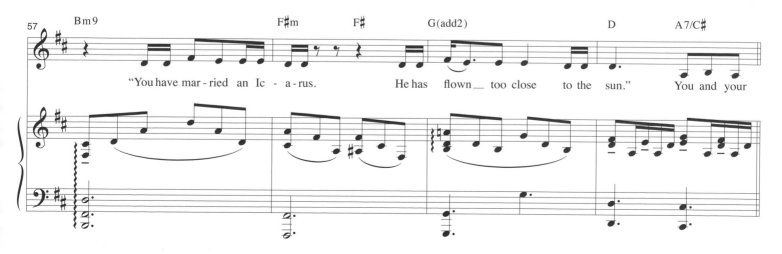

"You have mar-ried an Ic - a-rus. He has flown__ too close to the sun." You and your

words, ob-sessed with your leg-a-cy... Your sen-tenc-es bor-der on sense-less, and you are

par-a-noid in ev-'ry par-a-graph how they per-ceive_ you._ You,_ you,_ you..._ I'm e-

Slower / poco accel.

ras-ing my-self from the nar-ra-tive. Let fu-ture his-to-ri-ans won-der how E-li-za re-

A tempo

act-ed when you broke her_ heart._ You have torn it all a-part, I am watch-ing it

heart. You for - feit the place in our bed. You sleep in your of - fice in -

stead, with on - ly___ the mem-o-ries of when you were___ mine._____

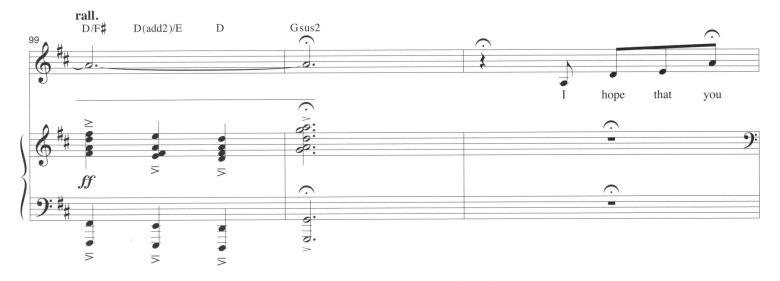

I hope that you

burn._____

HOLD BACK THE RIVER

Words and Music by JAMES BAY
and IAIN ARCHER

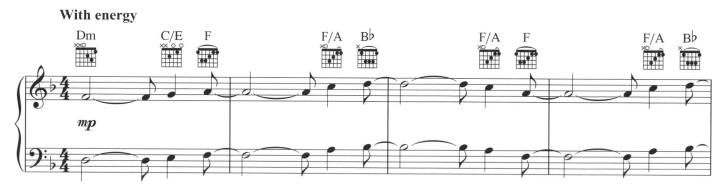

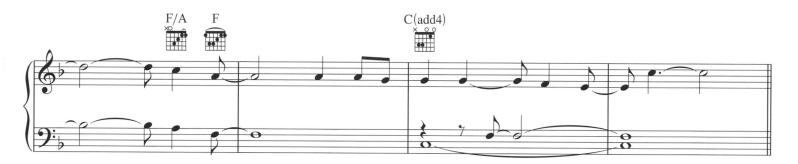

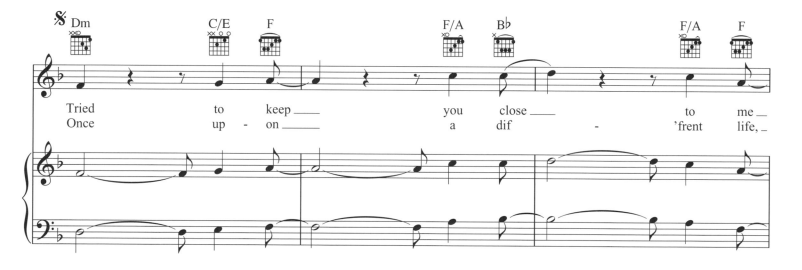

Tried to keep __ you close __ to me
Once up - on __ a dif - 'frent life, __

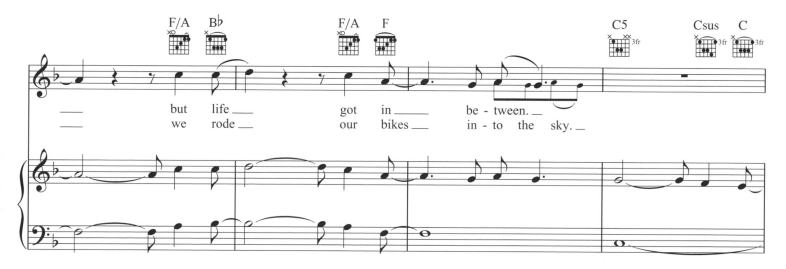

__ but life __ got in __ be - tween. __
__ we rode __ our bikes __ in - to the sky. __

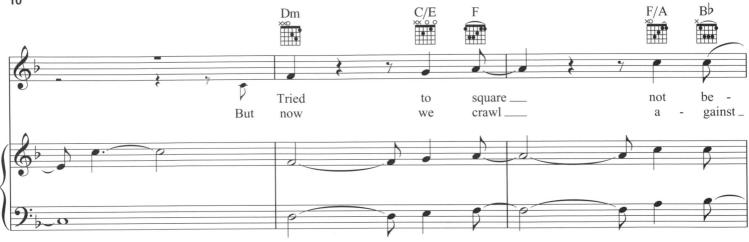

Tried _____ to _____ square _____ not _____ be -
But _____ now _____ we _____ crawl _____ a - gainst _____

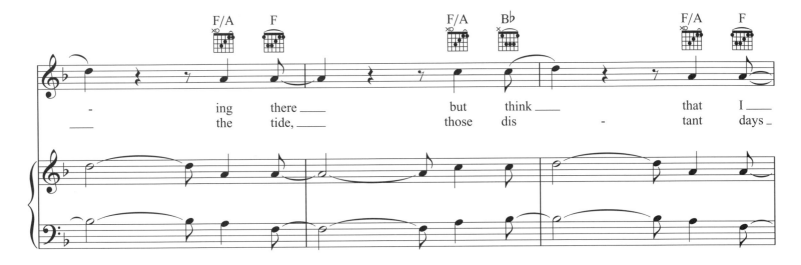

- ing _____ there _____ but _____ think _____ that _____ I _____
_____ the _____ tide, _____ those _____ dis - _____ tant _____ days _____

To Coda ⊕

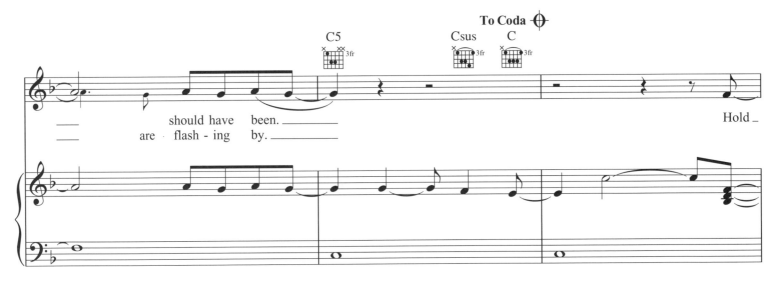

_____ should have _____ been. _____ Hold _____
_____ are _____ flash - ing _____ by. _____

_____ back _____ the _____ riv - er, let me _____ look _____ in _____ your _____ eyes. Hold _____ back _____ the _____ riv - er _____ so

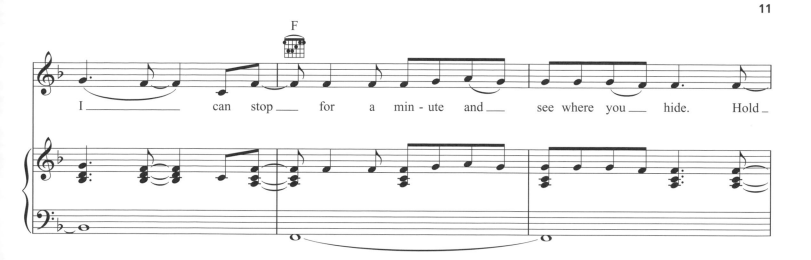

I _____ can stop _____ for a min-ute and _____ see where you _____ hide. Hold _____

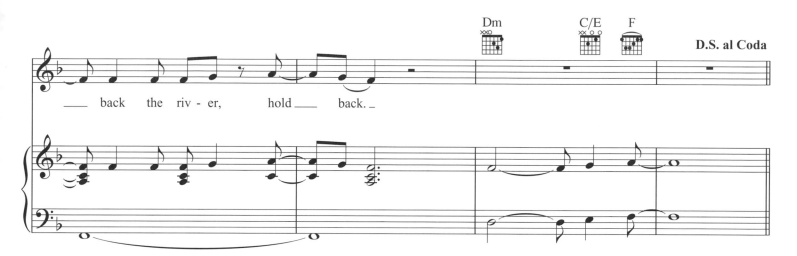

_____ back the riv-er, hold _____ back. _____

Dm   C/E   F

D.S. al Coda

CODA

B♭

Hold _____ back the riv-er, let me look in your _____ eyes. Hold _____

F

_____ back the riv-er so _____ I _____ can stop _____ for a min-ute and _____

see where you __ hide. Hold __ back the riv - er, hold __ back. __ Hold _

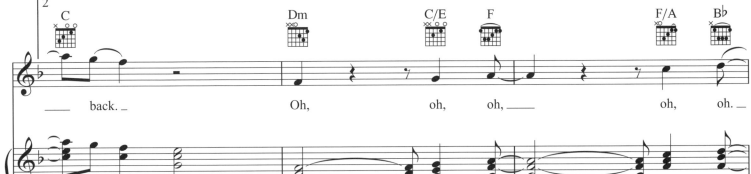

__ back. _ Oh, oh, oh, __ oh, oh. __

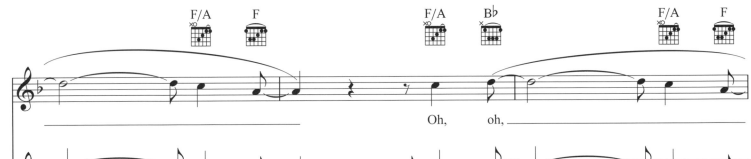

Oh, oh, __

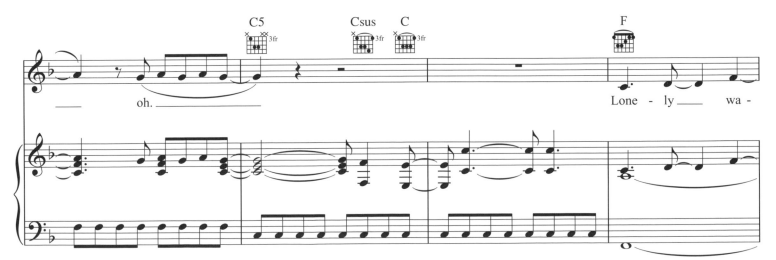

oh. __ Lone - ly __ wa -

ter, lone - ly ___ wa - ter, won't ___ you let us ___ wan -

- der, let us ___ hold ___ each oth - er? Lone - ly ___ wa -

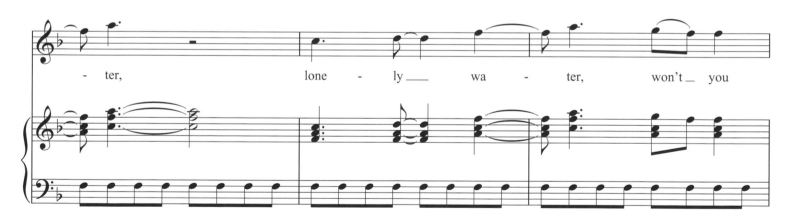

- ter, lone - ly ___ wa - ter, won't ___ you

let us ___ wan - der, let us ___ hold ___

_____ each oth-er? Hold _____ back the riv-er, let me

look in your_ eyes. Hold _____ back the riv-er so_____ I _____ can stop_

_____ for a min-ute and_____ be by your_ side. Hold _____ back the riv-er, hold_

_____ back._____ Hold _____ back the riv-er, hold._

Lone - ly __ wa - ter, lone - ly __ wa - ter, won't __ you

let us __ wan - der, let us __ hold __ each oth - er?

let us __ hold __ each oth - er?

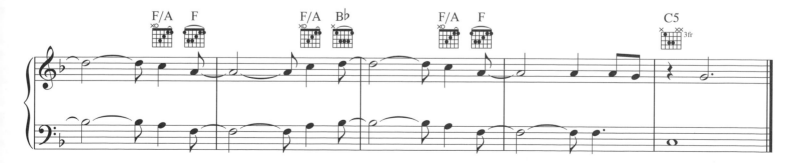

CAN'T STOP THE FEELING

from TROLLS

Words and Music by JUSTIN TIMBERLAKE,
MAX MARTIN and SHELLBACK

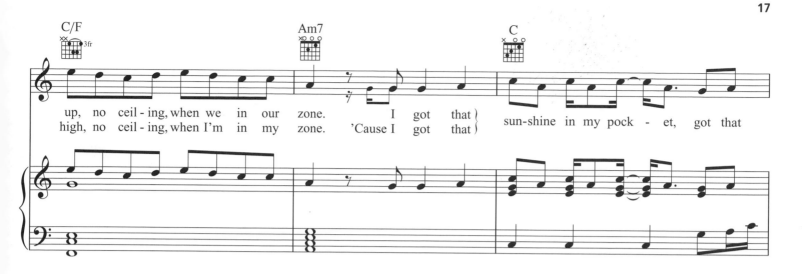

up, no ceil-ing, when we in our zone. I got that
high, no ceil-ing, when I'm in my zone. 'Cause I got that sun-shine in my pock - et, got that

good soul in my feet. I feel that hot blood in my bod - y when it drops, ooh. __ I can't

take my eyes up off __ it, mov-ing so phe-nom - e-nal-ly. Room on lock the way we rock __ it, so don't

stop. Un - der the lights __ when ev - 'ry-thing goes, __ no-where to

hide when I'm get-ting you close. _____ When we move, _____ well, you al-read-y know. _

_____ So just i-mag - ine, _____ (just i-mag - ine,) _____ (just i-mag - ine.) _____

Noth-ing I _ can see _ but you _ when you dance, dance, dance. I feel a good, _

_____ good creep-ing up _ on you, _ so just dance, dance, dance. Come on!

All those things_ I should - n't do, __ but you dance, dance, dance. And ain't_

__ no - bod - y leav - ing soon,_ so keep danc - ing. I can't stop the feel -

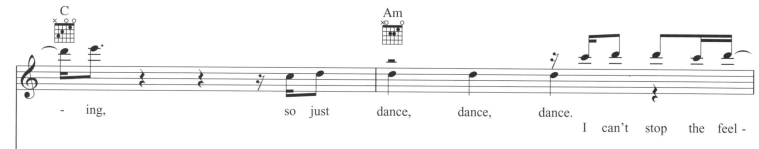

- ing, so just dance, dance, dance. I can't stop the feel -

- ing. _____ so just dance, dance, dance. Come on!

DARK NECESSITIES

Words and Music by ANTHONY KIEDIS,
FLEA, CHAD SMITH, JOSH KLINGHOFFER
and BRIAN BURTON

Moderate groove

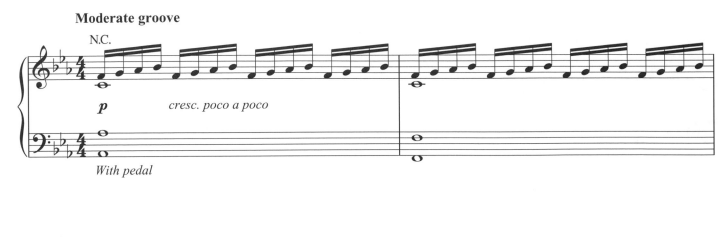

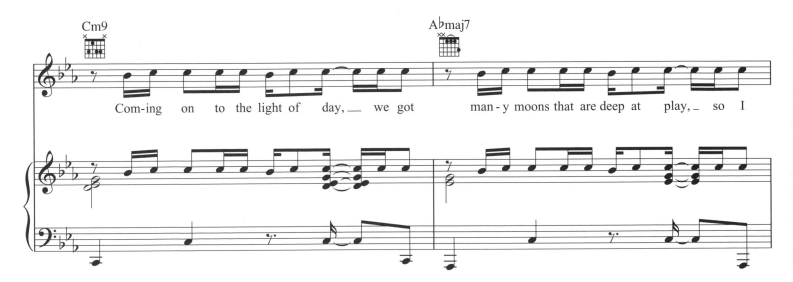

Com-ing on to the light of day, __ we got man-y moons that are deep at play, __ so I

keep an eye on the shad - ow smile _ to see what it has to say. _____

You and I _____ both know, _____ well, ev - 'ry - thing _ must go a - way.

Ah, what do you say?

Spin - ning knot that is on my heart _ is like a bit of light in a touch of dark. _ You got
Stum - ble down to the park - ing lot; _ you got no time for the af - ter - thought. _ They're like
Pick you up like a pa - per - back _ with the _ track rec - ord of a ma - ni - ac. _____ So I

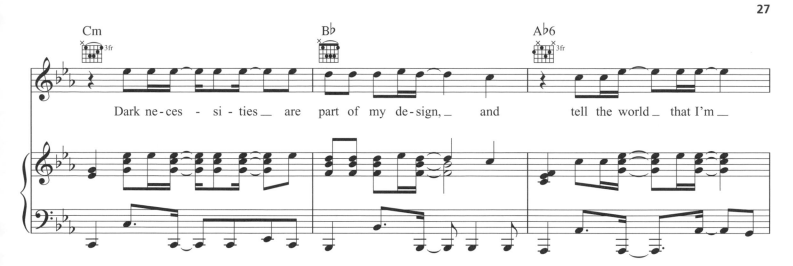

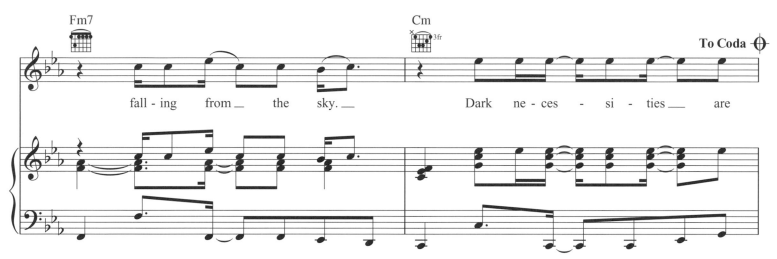

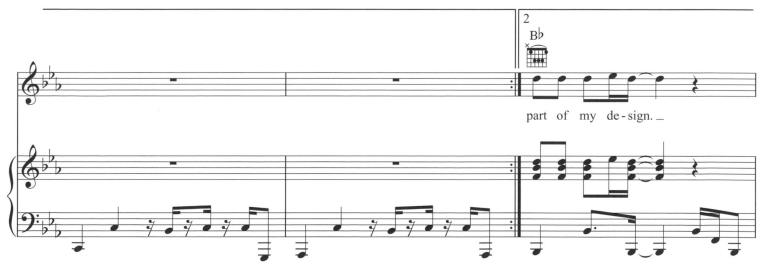

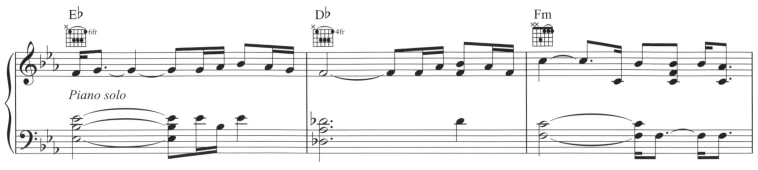

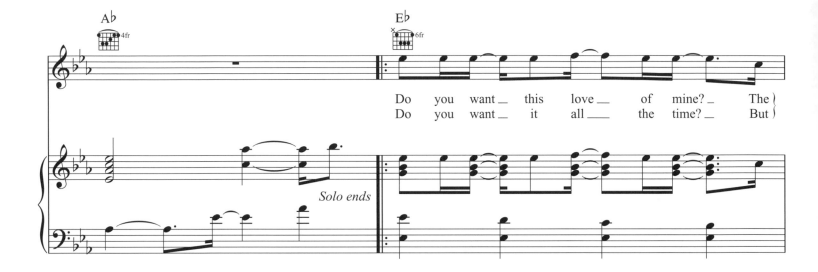

Do you want __ this love __ of mine? __ The
Do you want __ it all __ the time? __ But

dark - ness helps __ us all __ to shine. __ Do you want __ it, do you want __ it

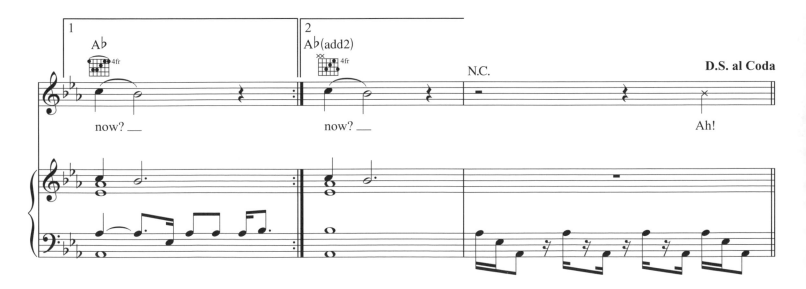

now? __

now? __

Ah!

CODA

B♭   A♭ (1st time only)

part of my de - sign. _____ Instrumental solo

Fm   Cm   B♭

A♭   Fm   Cm

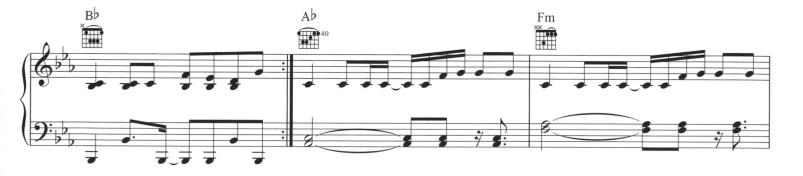

B♭   A♭   Fm

Cm   B♭   A♭

H.O.L.Y.

Words and Music by busbee,
NATE CYPHERT and WILLIAM WIIK LARSEN

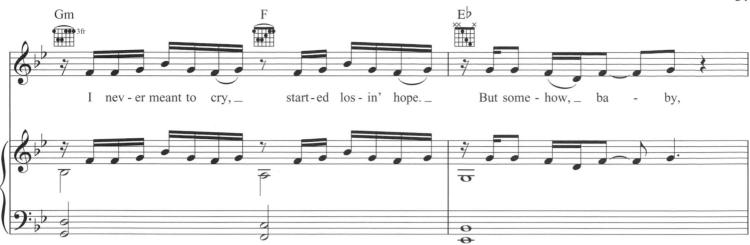

I nev-er meant to cry, __ start-ed los-in' hope. __ But some-how, __ ba - by,

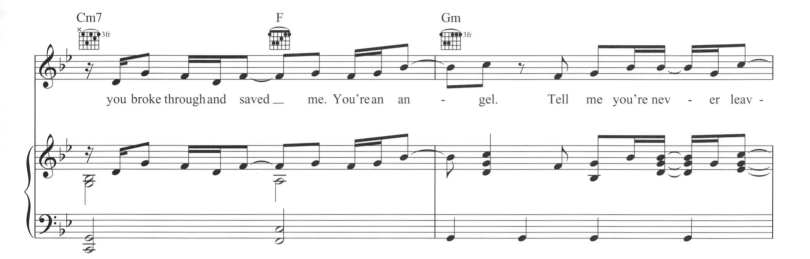

you broke through and saved __ me. You're an an - gel. Tell me you're nev - er leav-

- in', 'cause you're the first _____ thing I know I can __ be - lieve __

____ in. ____ You're __ ho - ly, ho - ly, ho - ly, ho - ly. I'm high __

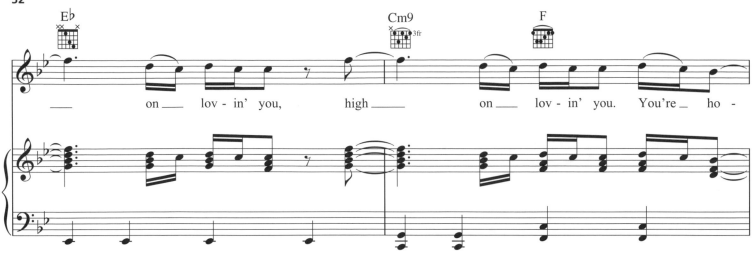

on __ lov - in' you, high ____ on __ lov - in' you. You're __ ho -

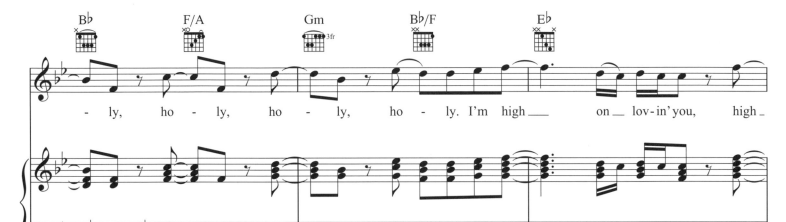

- ly, ho - ly, ho - ly, ho - ly. I'm high ___ on __ lov-in' you, high _

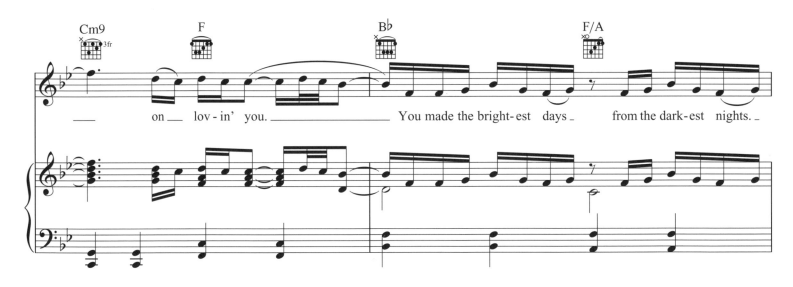

on __ lov - in' you. _____ You made the bright-est days _ from the dark-est nights. _

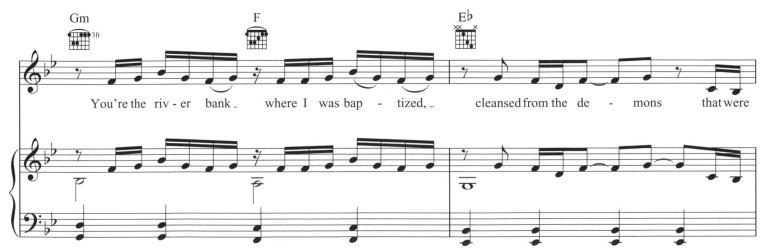

You're the riv - er bank _ where I was bap - tized, _ cleansed from the de - mons that were

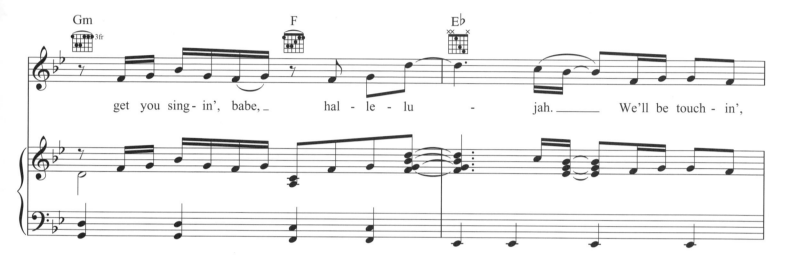

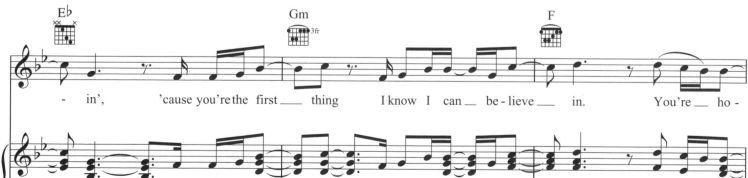

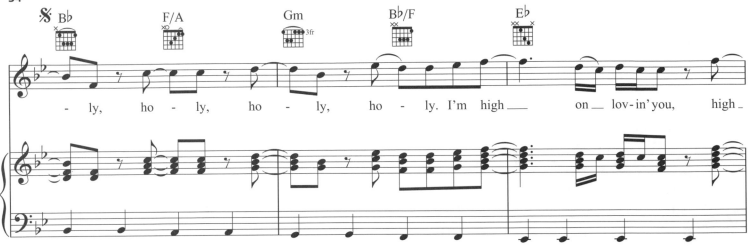

shine for me. Like fire in my veins, you're my ec - sta - sy, you're my ec -

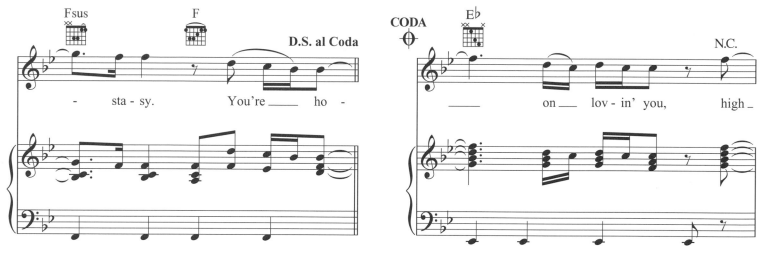

- sta - sy. You're ___ ho -

on ___ lov - in' you, high ___

___ on ___ lov - in' you. ___ You're the heal - in' hands ___ where it used to hurt. ___

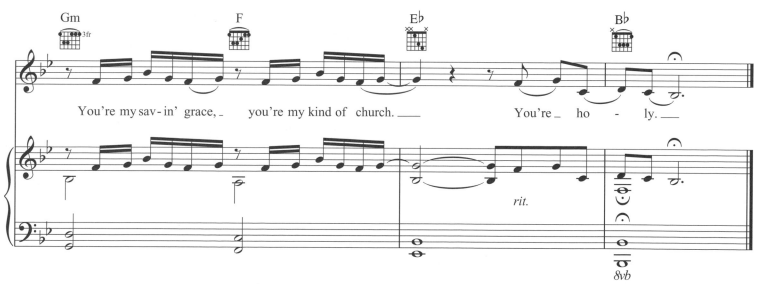

You're my sav - in' grace, ___ you're my kind of church. ___ You're ___ ho - ly. ___

I HATE U, I LOVE U

Words and Music by OLIVIA O'BRIEN
and GARRETT NASH

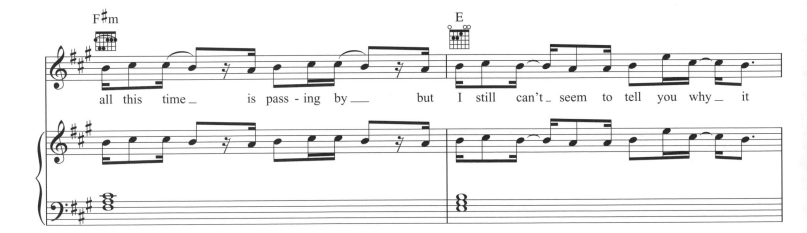

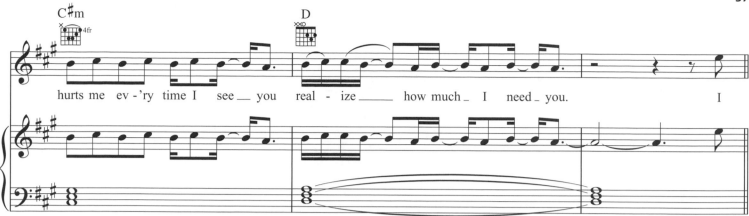

hurts me ev-'ry time I see_ you real-ize_____ how much_ I need_ you. I

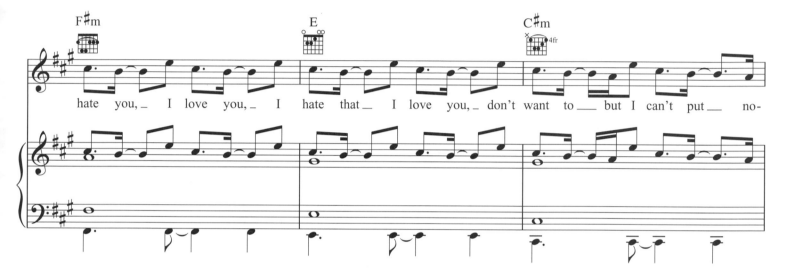

hate you,_ I love you,_ I hate that_ I love you, don't want to___ but I can't put___ no-

bod-y else_ a-bove you,_ I hate you,_ I love you,_ I hate that_ I want you,_ you

want her,_ you need her,_ and I'll_ nev-er be her. _ I

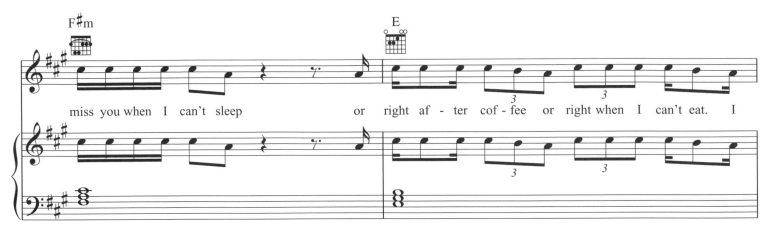

miss you when I can't sleep or right af-ter cof-fee or right when I can't eat. I

miss you in my front seat, still got sand in my sweat-ers from nights we don't re-mem-ber.

Do you miss me like I miss you? F**ked a-round and got at-tached to you,

friends can break your heart too. And I'm al-ways tired but nev-er of you. If

I don't mean no harm, I just miss you on my arm, wed-ding bells were just a-larms, cau-tion

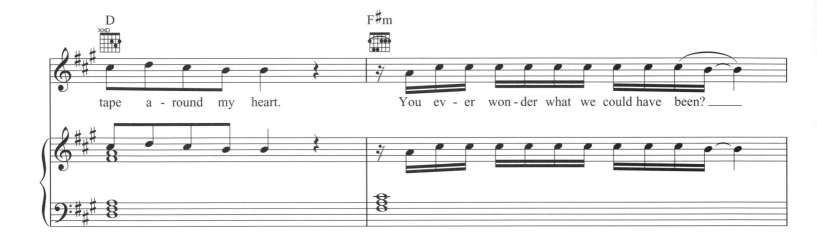

tape a-round my heart. You ev-er won-der what we could have been? ____

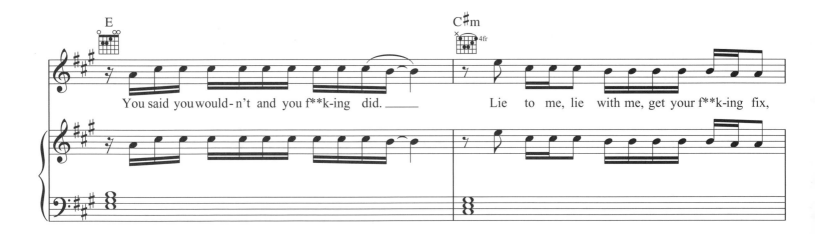

You said you would-n't and you f**k-ing did. ____ Lie to me, lie with me, get your f**k-ing fix,

now all my drinks and all my feel-ings are all f**k-ing mixed.

love and trust are gone, I guess this is mov-ing on.

Ev-'ry-one I do right does me wrong, __ so ev-'ry lone-ly night I sing this song. __ I

hate you, __ I love you, __ I hate that __ I love you, __ don't

want to __ but I can't put __ no-bod-y else __ a-bove you, __ I

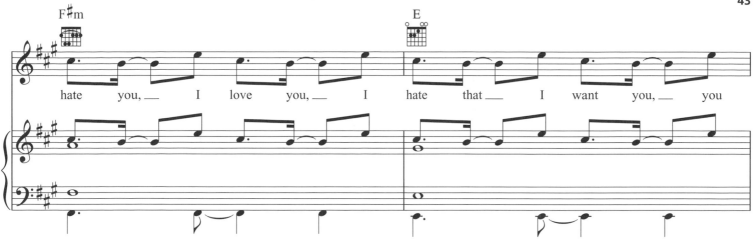

hate you, __ I love you, __ I hate that __ I want you, __ you

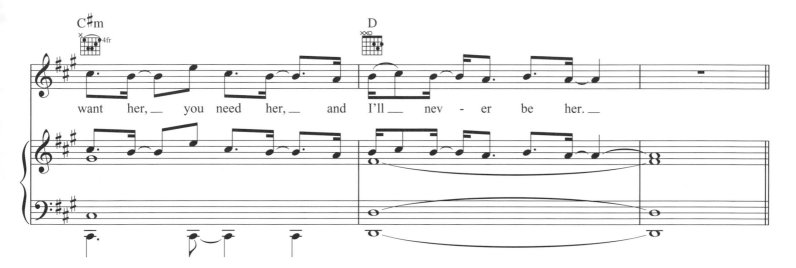

want her, __ you need her, __ and I'll __ nev - er be her. __

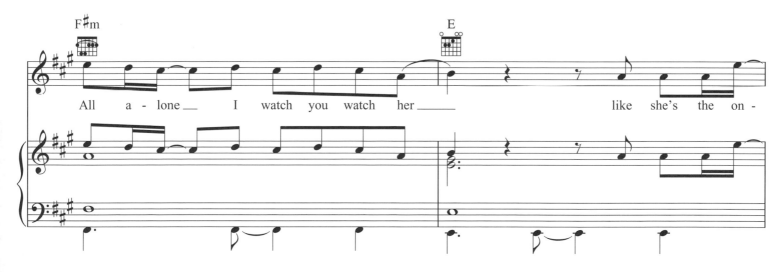

All a - lone __ I watch you watch her __ like she's the on -

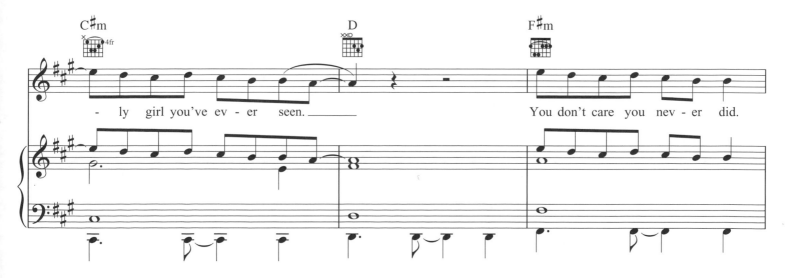

- ly girl you've ev - er seen. __ You don't care you nev - er did.

You don't give a damn a - bout _____ me. Yeah,

all a - lone I watch you watch her, ____ she is the on - ly thing you ev - er see. ____

How is it you nev - er no - tice _____ that

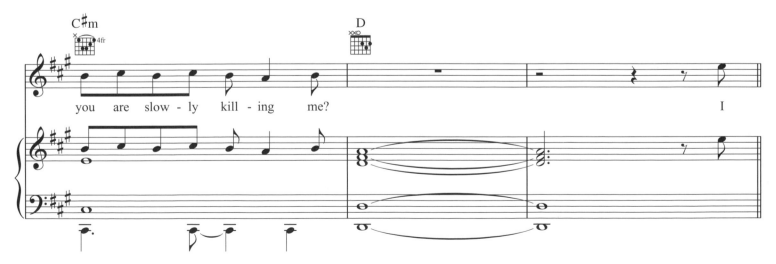

you are slow - ly kill - ing me? I

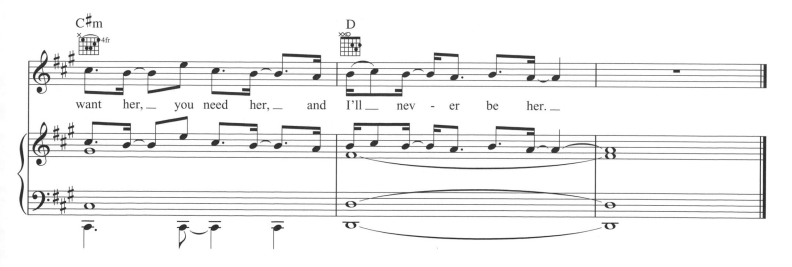

I TOOK A PILL IN IBIZA

Words and Music by
MIKE POSNER

JUST LIKE FIRE

from ALICE THROUGH THE LOOKING GLASS

Words and Music by ALECIA MOORE,
MAX MARTIN, SHELLBACK
and OSCAR HOLTER

* *Vocal sung an octave lower than written.*

*** Vocal sung at written pitch.*

Additional Lyrics

Rap: So look, I came here to run it, just 'cause nobody's done it.
Y'all don't think I could run it, but look, I've been here, I've done it.
Impossible? Please! Watch, I do it with ease.
You just gotta believe. Come on, come on with me.

NO

Words and Music by JACOB KASHER HINDLIN,
ERIC FREDERIC and MEGHAN TRAINOR

Slowly, with feeling

I think it's so ___ cute ___ and I think it's so ___ sweet _____ how you let your friends en-cour-age you ___ to try and talk to me. ___ But let me stop you there, ___ oh, be -

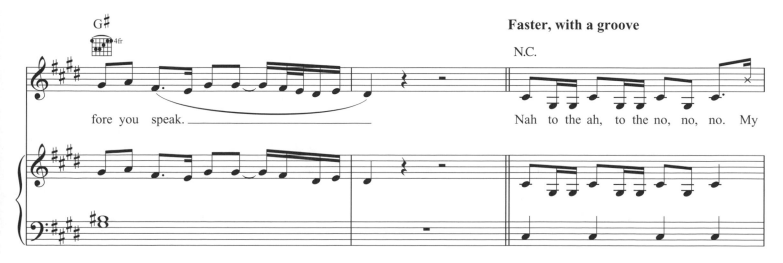

Faster, with a groove

fore you speak. _____ Nah to the ah, to the no, no, no. My

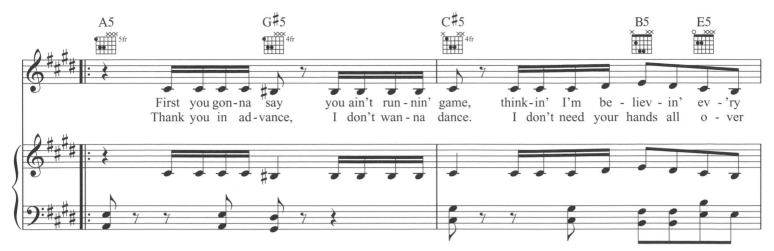

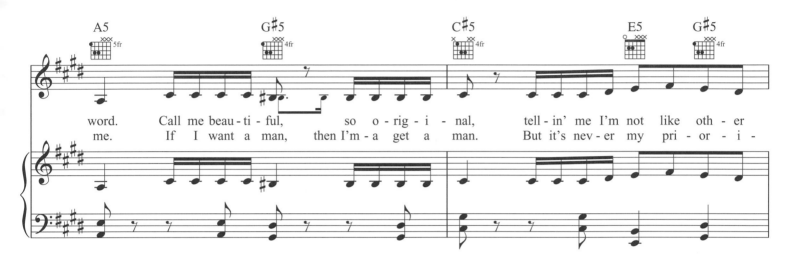

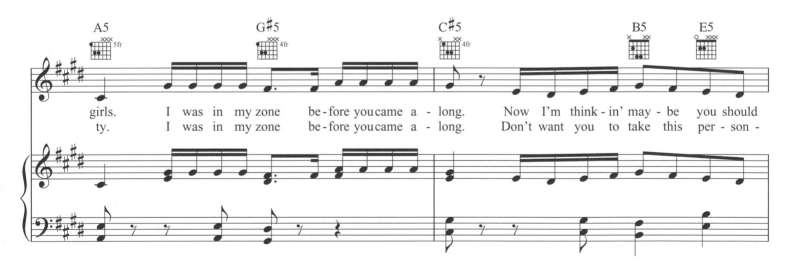

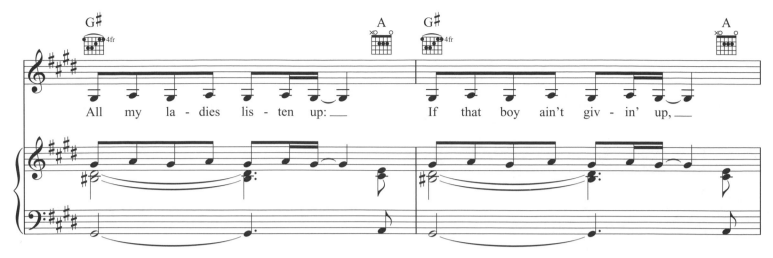

All my la-dies lis-ten up: ___ If that boy ain't giv-in' up, ___

lick your lips and swing your hips. Girl, all you got-ta say is ___ my

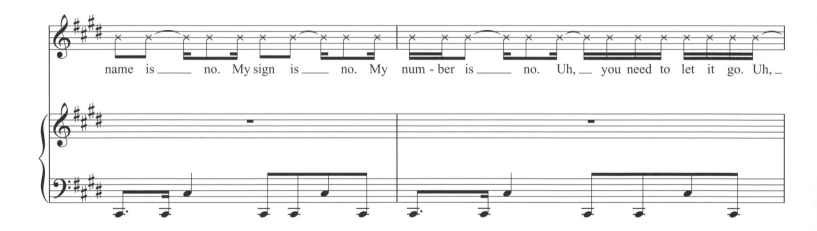

name is ___ no. My sign is ___ no. My num-ber is ___ no. Uh, ___ you need to let it go. Uh, ___

___ you need to let it go. Uh, ___ need to let it go. Nah to the ah, to the no, no, no. My

nah to the ah, to the no, no, no. Un - touch - a - ble, un - touch - a - ble.

Un - touch - a - ble, un - touch - a - ble. Un - touch - a - ble, un - touch - a - ble.

Nah to the ah, to the no, no, no. All my la - dies lis - ten up: __ If that boy ain't giv - in' up, __

lick your lips and swing your hips. Girl, all you got - ta say is __ my

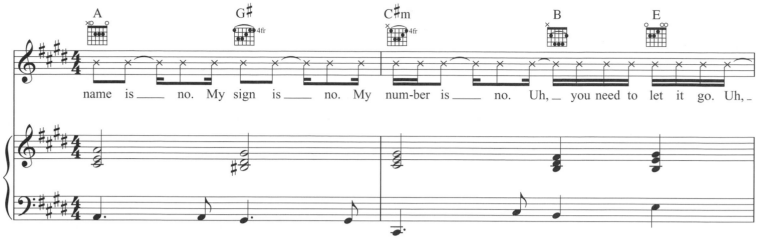

name is ___ no. My sign is ___ no. My num-ber is ___ no. Uh, ___ you need to let it go. Uh, ___

D.S. al Coda

___ you need to let it go. Uh, ___ need to let it go. Nah to the ah, to the no, no, no. My

CODA

Nah to the ah, to the no, no, no. Un-touch-a-ble, un-touch-a-ble.

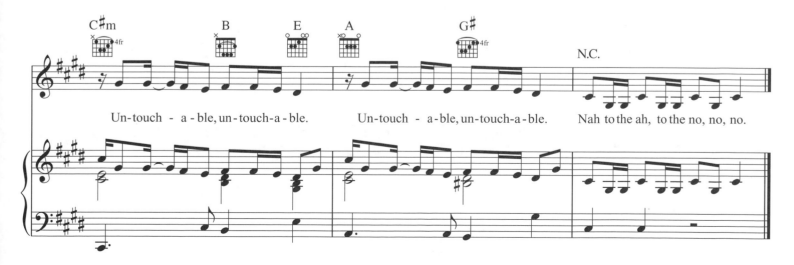

Un-touch-a-ble, un-touch-a-ble. Un-touch-a-ble, un-touch-a-ble. Nah to the ah, to the no, no, no.

LOST BOY

Words and Music by
RUTH BERHE

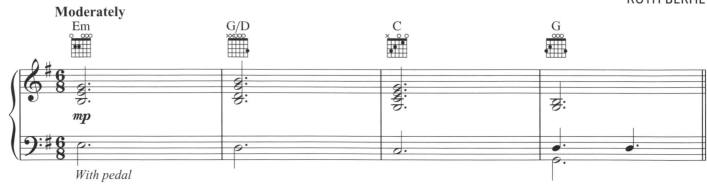

There was a time when I was a-lone, with no-where to go __ and no

place to call home. My on-ly friend __ was The Man __ in the Moon, __ and

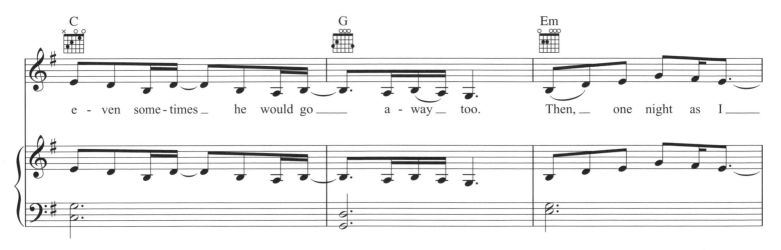

e-ven some-times __ he would go __ a-way __ too. Then, __ one night as I __

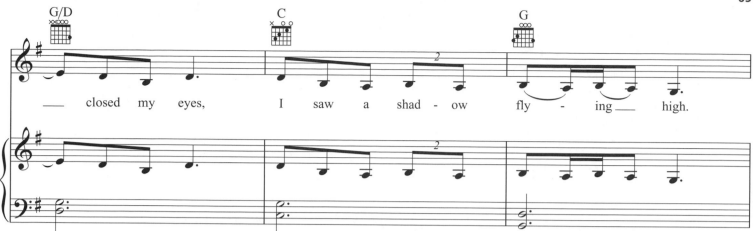

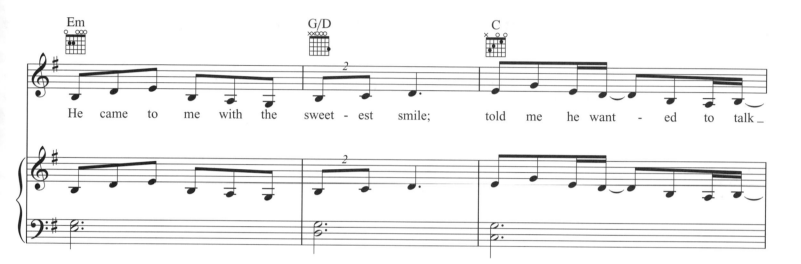

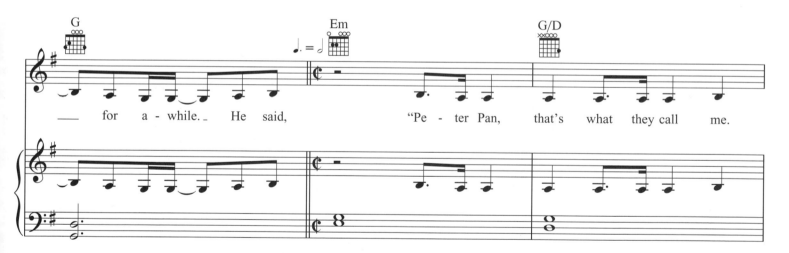

since that ___ day... ___

I am a lost boy

from Nev - er - land, u - sually hang - ing out ___ with ___ Pe - ter Pan. ___

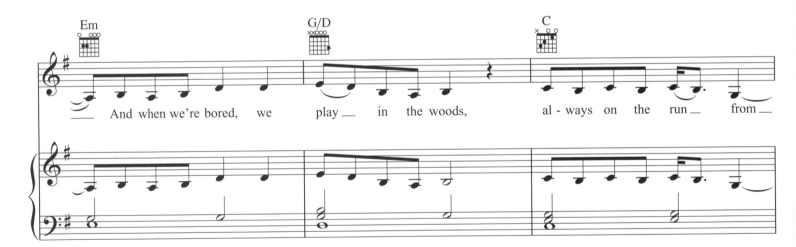

___ And when we're bored, we play ___ in the woods, al - ways on the run ___ from ___

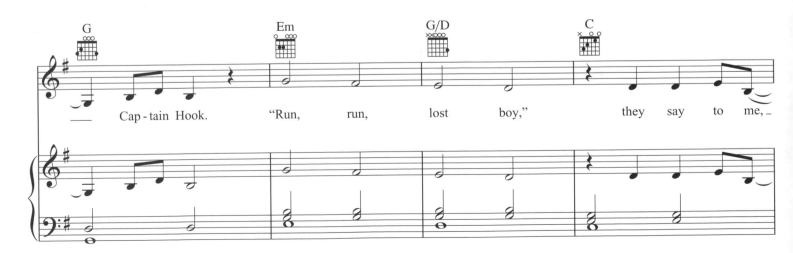

Cap - tain Hook. "Run, run, lost boy," they say to me, ___

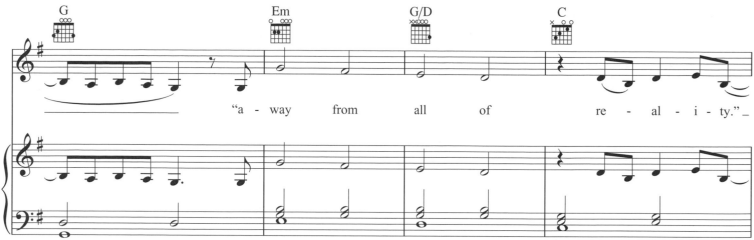

"a - way from all of re - al - i - ty."

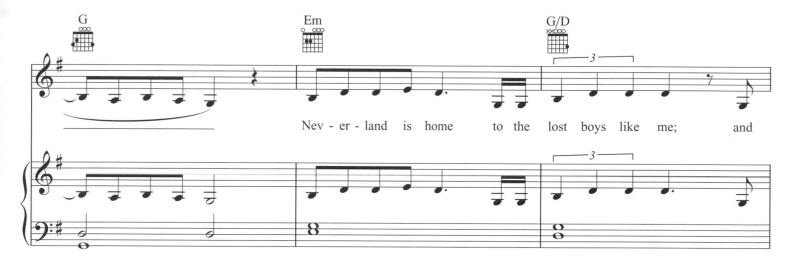

Nev - er - land is home to the lost boys like me; and

lost boys like me are __ free. Nev - er - land is home to the lost boys like me; and

lost boys like me are __ free. He sprin - kled me in pix - ie dust and

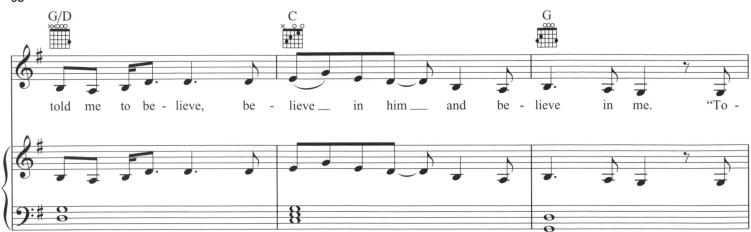

told me to be - lieve, be - lieve __ in him __ and be - lieve in me. "To -

geth - er, we will fly a - way in a cloud of green, to __ your beau - ti - ful des - ti - ny." As we

soared a - bove the town that nev - er loved me, I real - ized I fi - n'lly had a

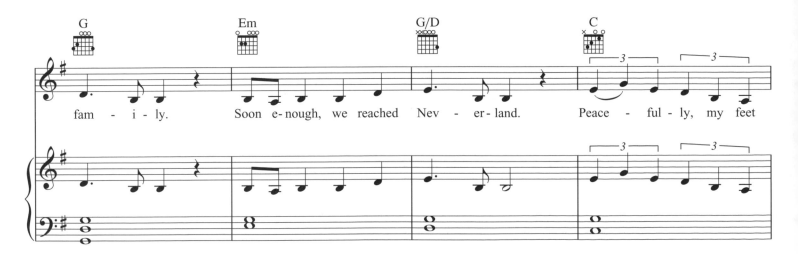

fam - i - ly. Soon e - nough, we reached Nev - er - land. Peace - ful - ly, my feet

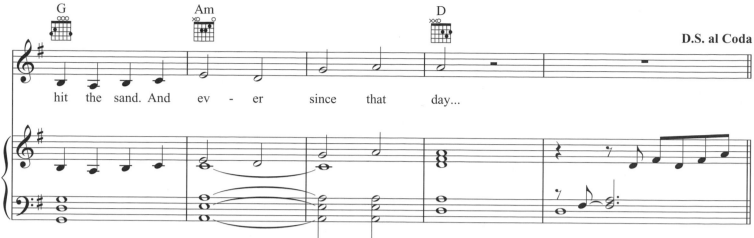

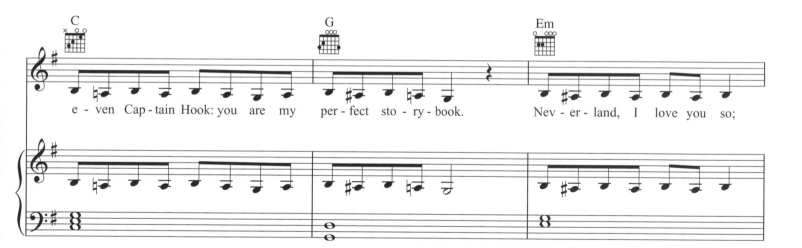

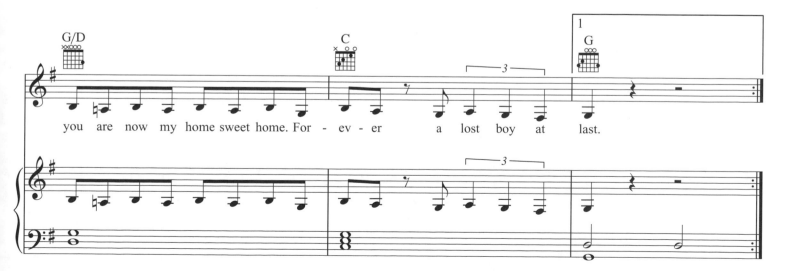

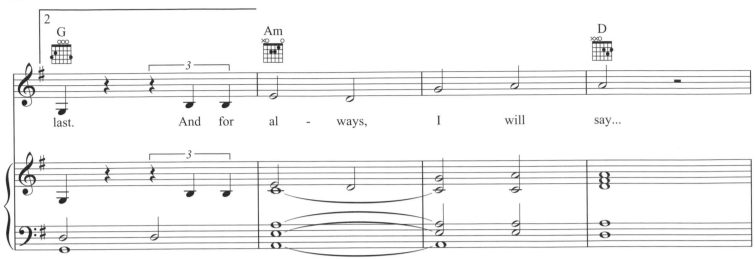

last. And for al - ways, I will say...

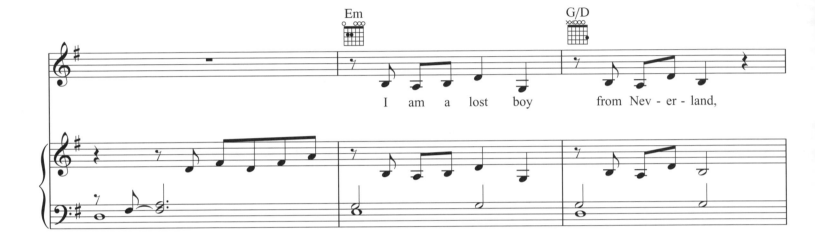

I am a lost boy from Nev - er - land,

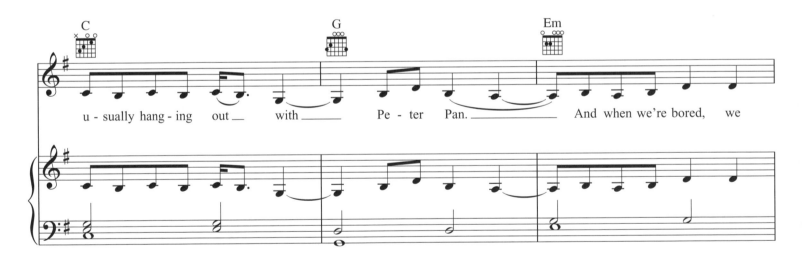

u - sually hang - ing out __ with ___ Pe - ter Pan. _____ And when we're bored, we

play __ in the woods, al - ways on the run __ from ___ Cap - tain Hook.

"Run, run, lost boy," _____ they say to me, _____ "a-

way from all of re-al-i-ty." _____

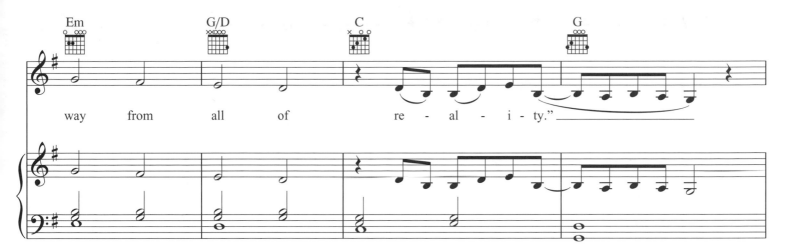

Nev-er-land is home to the lost boys like me; and lost boys like me are __ free.

Nev-er-land is home to the lost boys like me; and lost boys like me are __ free.

ONE CALL AWAY

Words and Music by CHARLIE PUTH,
BREYAN ISAAC, MATT PRIME,
JUSTIN FRANKS, BLAKE ANTHONY CARTER
and MAUREEN McDONALD

With a soulful beat

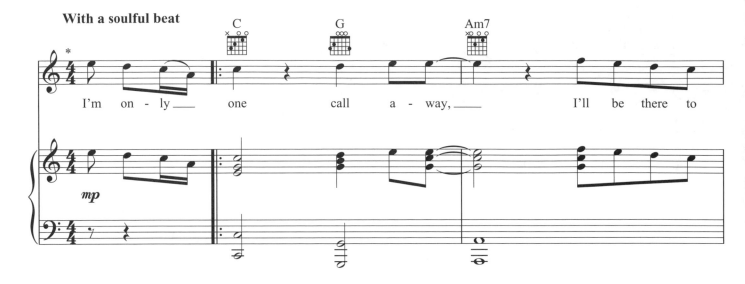

I'm on-ly ___ one call a-way, ___ I'll be there to

save the ___ day. ___ Su-per-man ___ got ___ noth - ing on me,

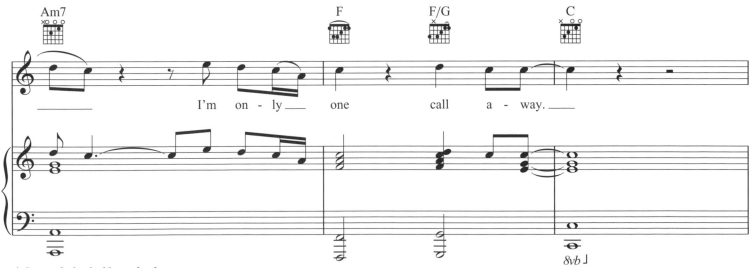

I'm on-ly ___ one call a - way. ___

* Recorded a half step higher.

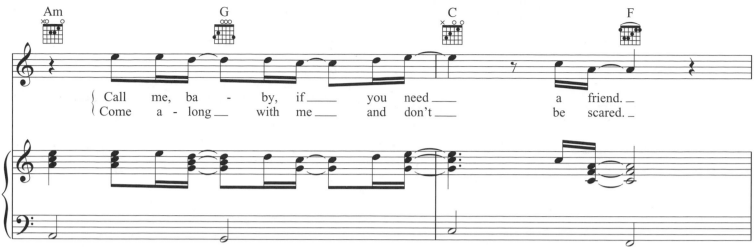

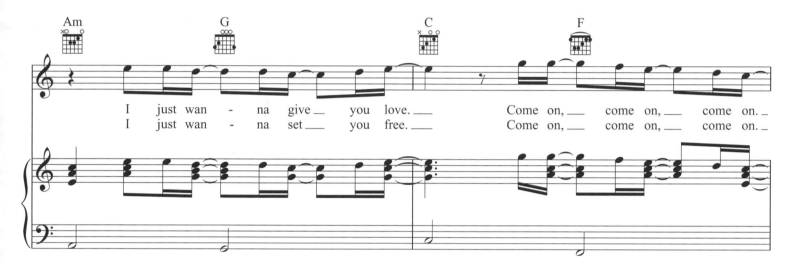

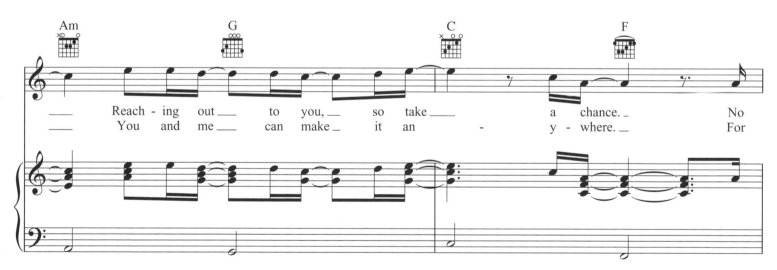

now, we can stay ___ here for ___ a while ___ 'cause, you know, _

___ I just wan - na see ___ you smile. _____ No

mat - ter where ___ you go, ___ you know you're not ___ a - lone. ___ I'm on - ly ___

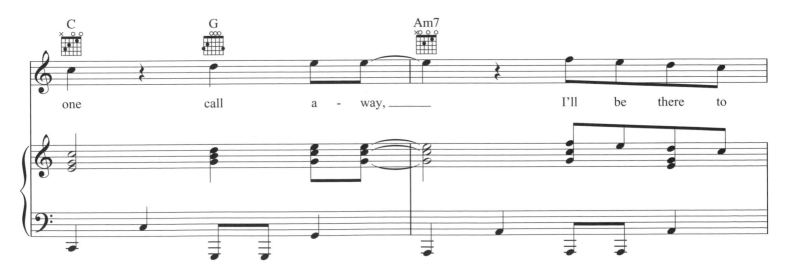

one call a - way, _____ I'll be there to

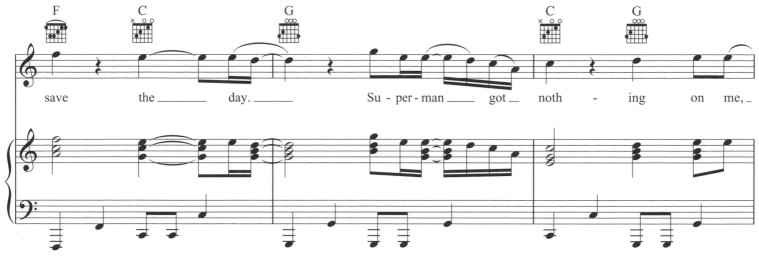

save the _____ day. _____ Su - per - man ____ got __ noth - ing on me, _

_____ I'm on - ly ___ one call a - way. ___ And when you're

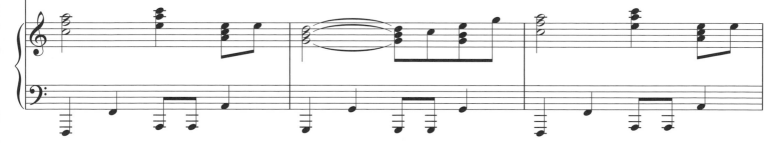

weak, I'll be strong. ___ I'm gon - na keep hold - ing on. _

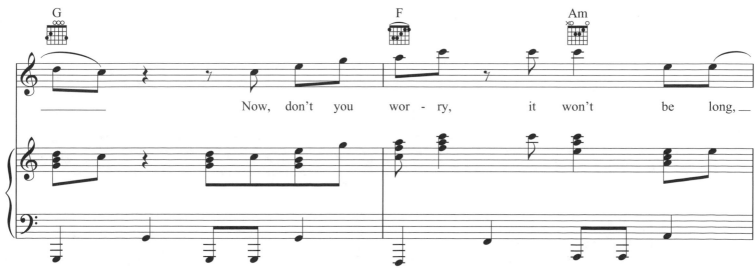

_____ Now, don't you wor - ry, it won't be long, _

dar - ling. When you feel like hope __ is gone, _____ just

run in - to ___ my arms. __ I'm on - ly ___ one call a - way, __

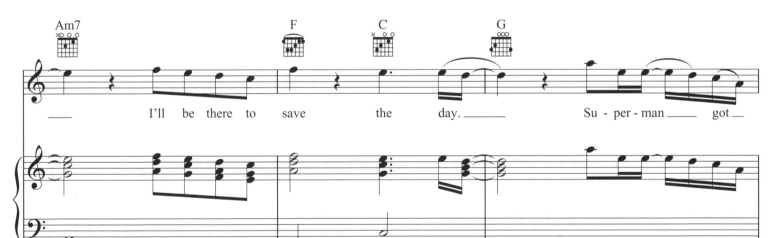

___ I'll be there to save the day. _____ Su - per - man ___ got __

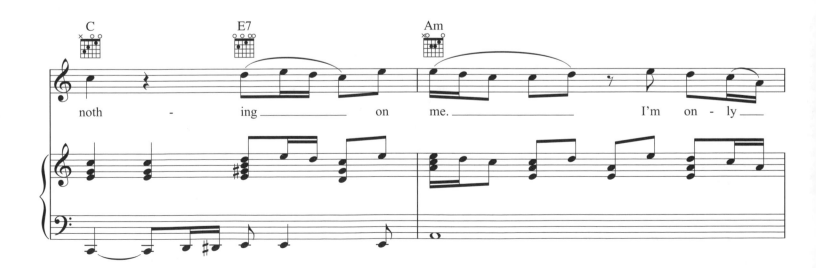

noth - ing _____ on me. _____ I'm on - ly ___

OPHELIA

Words and Music by JEREMY FRAITES
and WESLEY SCHULTZ

noth - ing back.

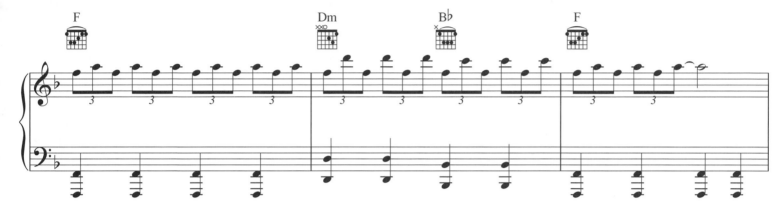

I, I've got a new girl - friend. She

feels like he's on top. And I_____

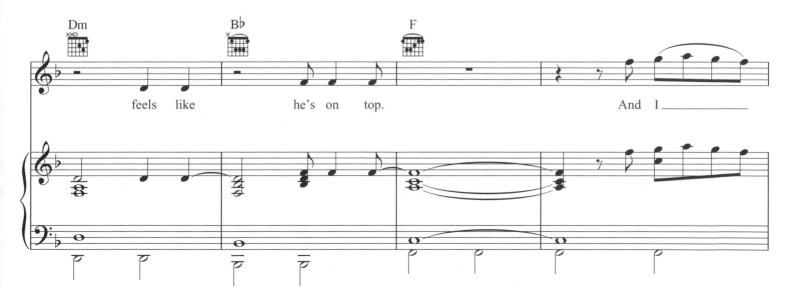

don't feel no re-morse. And you _____

can't see past my blind - ness.

Oh, O - phe - li - a, _____ you've been on my mind, girl, since the flood. _____

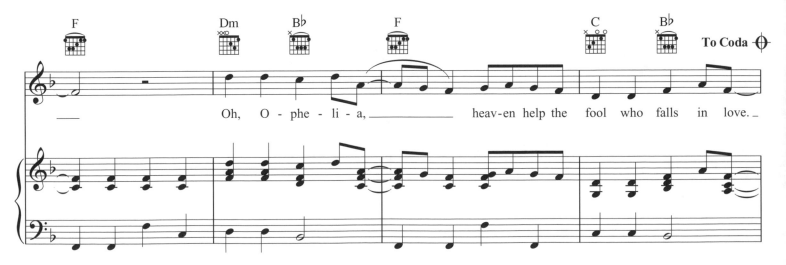

Oh, O - phe - li - a, _____ heav-en help the fool who falls in love. _____

To Coda

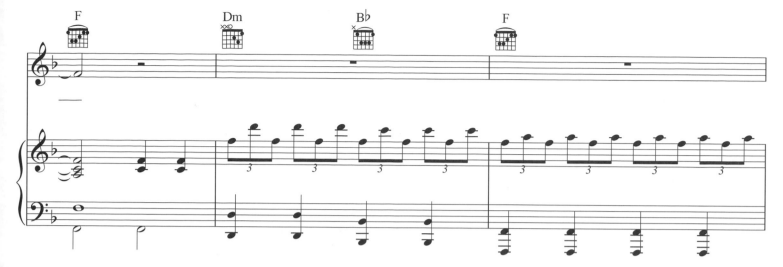

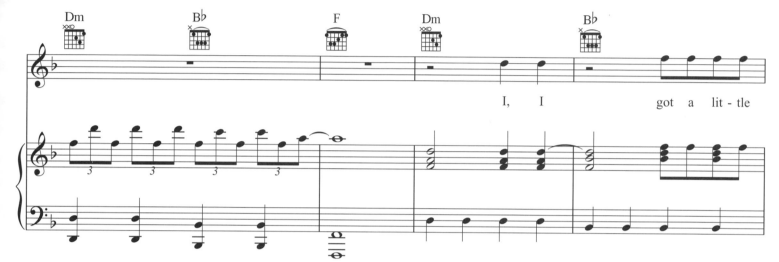

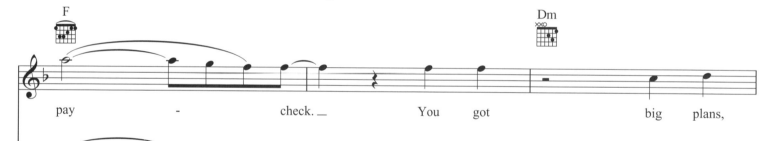

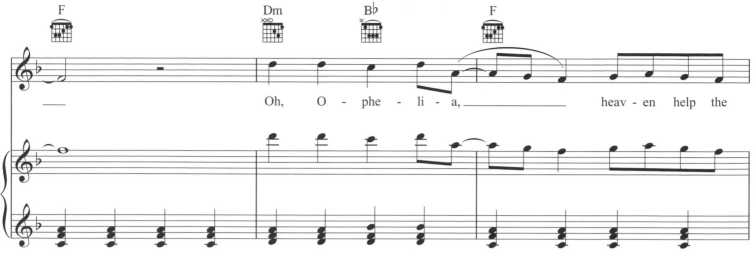

Oh, O - phe - li - a, _____ heav - en help the

fool who falls in love. ___

D.S. al Coda

CODA

___

Oh, O - phe - li - a, _____ you've been on my mind, girl, like a drug. __

Oh, O - phe - li - a, _____ heav - en help the fool who falls in love. __

7 YEARS

Words and Music by LUKAS FORCHHAMMER,
MORTEN RISTORP, STEFAN FORREST,
DAVID LABREL, CHRISTOPHER BROWN
and MORTEN PILEGAARD

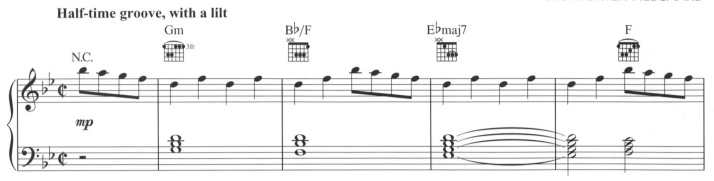

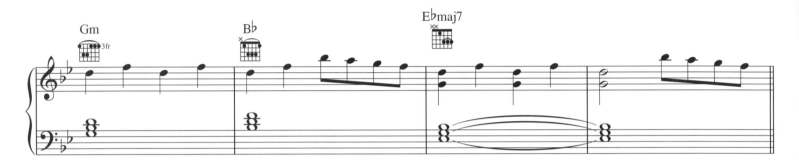

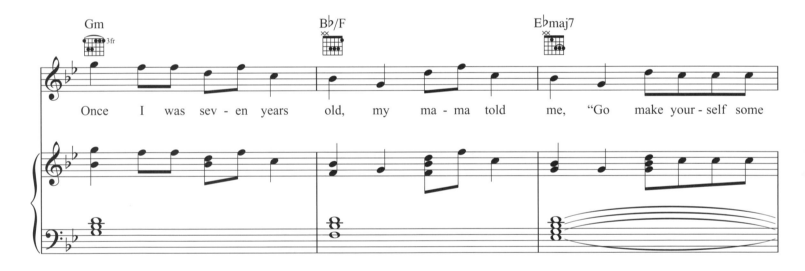

Once I was sev-en years old, my ma-ma told me, "Go make your-self some

friends or you'll be lone-ly." ___ Once I was sev-en years old.

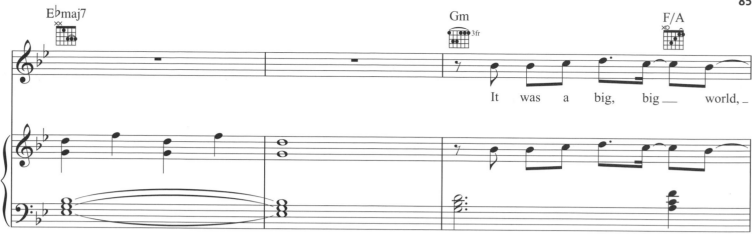

It was a big, big ___ world, _

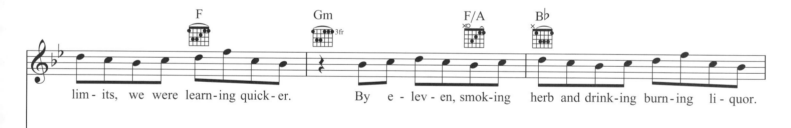

___ but we thought we were big - ger. Push - ing each oth - er to the

lim - its, we were learn - ing quick - er. By e - lev - en, smok - ing herb and drink - ing burn - ing li - quor.

Nev - er rich so we were out to make that stead - y fig - ure. Once I was e - lev - en years

old, my dad-dy told me, "Go get your-self a wife or you'll be lone - ly." __

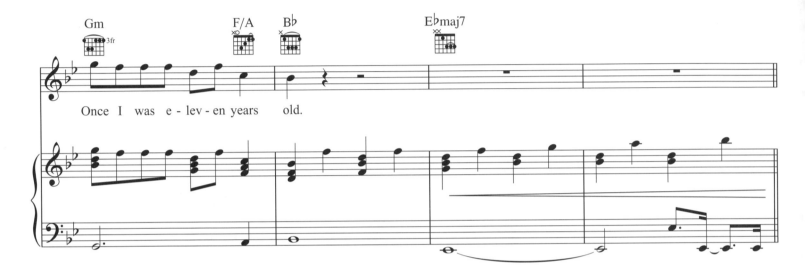

Once I was e - lev-en years old.

I al - ways had that __ dream __ like my dad-dy be - fore me,
I on - ly see my __ goals, __ I don't be - lieve __ in fail - ure

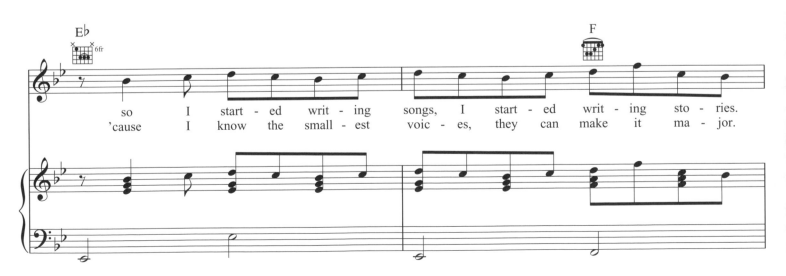

so I start - ed writ - ing songs, I start - ed writ - ing sto - ries.
'cause I know the small - est voic - es, they can make it ma - jor.

Some-thing a-bout that glo-ry, just al-ways seemed to bore me
I got my boys ___ with me, at least ___ those in fa-vor,

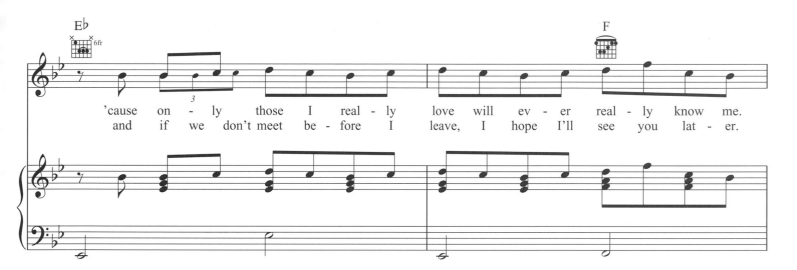

'cause on-ly those I real-ly love will ev-er real-ly know me.
and if we don't meet be-fore I leave, I hope I'll see you lat-er.

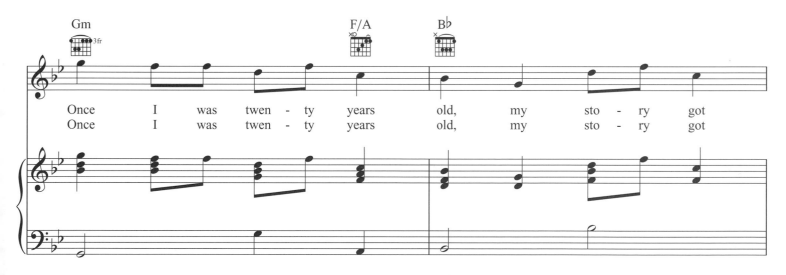

Once I was twen-ty years old, my sto-ry got
Once I was twen-ty years old, my sto-ry got

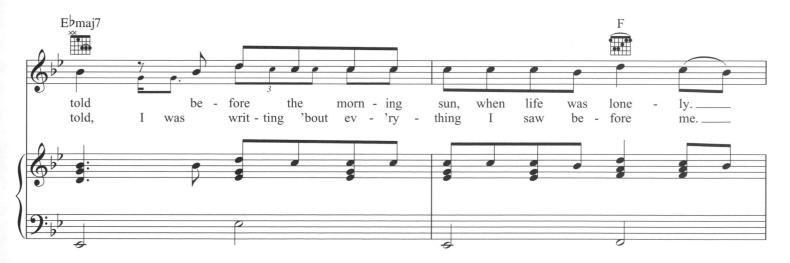

told be-fore the morn-ing sun, when life was lone-ly.
told, I was writ-ting 'bout ev-'ry-thing I saw be-fore me. ___

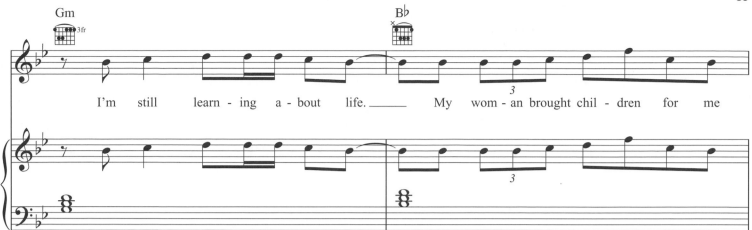

I'm still learn-ing a-bout life. _____ My wom-an brought chil-dren for me

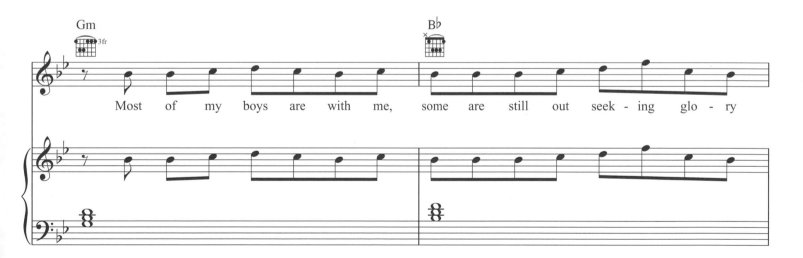

so I can sing them all my songs and I can tell them sto-ries.

Most of my boys are with me, some are still out seek-ing glo-ry

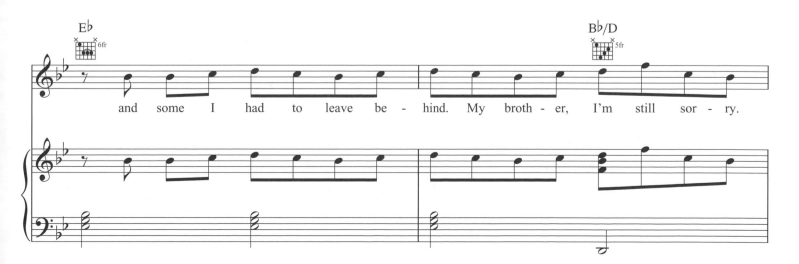

and some I had to leave be-hind. My broth-er, I'm still sor-ry.

Soon I'll be six-ty years old. My dad-dy got six-ty - one. Re-mem-ber life and then your

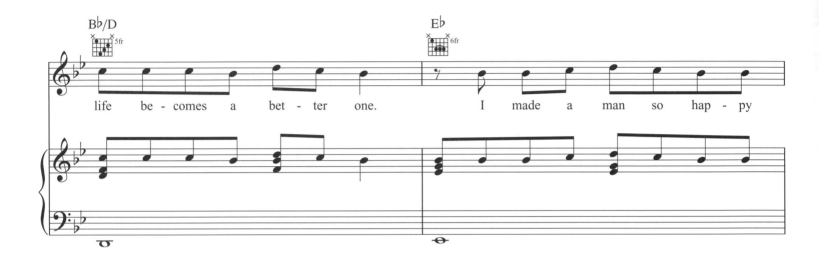

life be-comes a bet-ter one. I made a man so hap-py

when I wrote a let-ter once. I hope my chil-dren come and

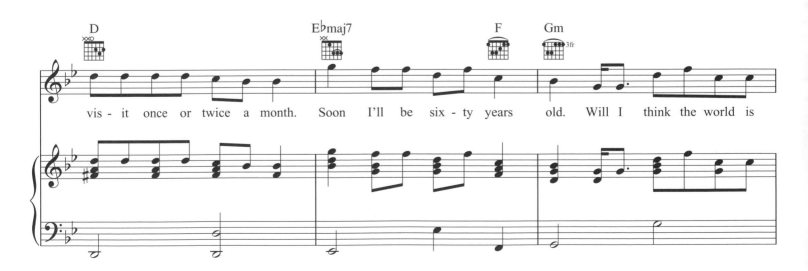

vis-it once or twice a month. Soon I'll be six-ty years old. Will I think the world is

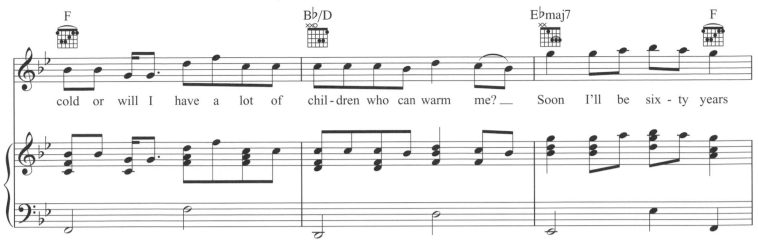

cold or will I have a lot of chil-dren who can warm me? __ Soon I'll be six-ty years

old.

Soon I'll be six-ty years old. __ Will I think the world is cold or will I have a lot of

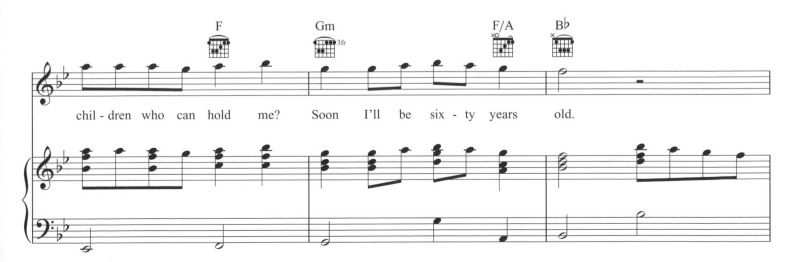

chil-dren who can hold me? Soon I'll be six-ty years old.

Once I was sev - en years

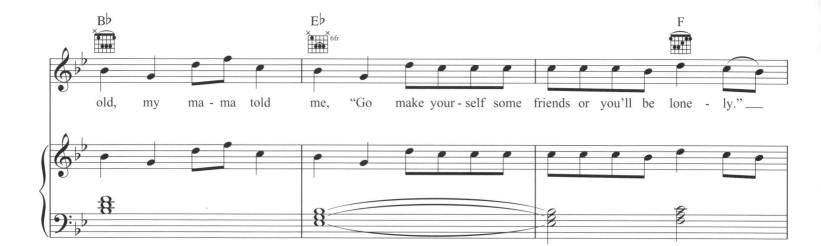

old, my ma - ma told me, "Go make your - self some friends or you'll be lone - ly." ___

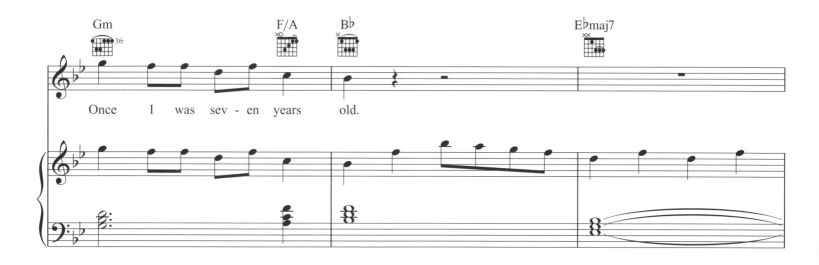

Once I was sev - en years old.

Once I was sev - en years old.

TRAVELLER

Words and Music by
CHRIS STAPLETON

Moderate two-beat

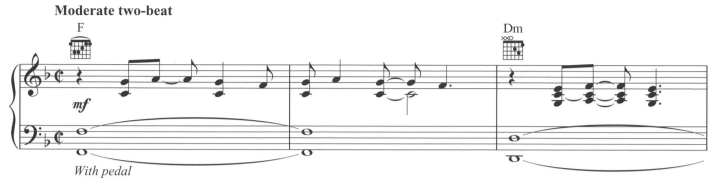

I see ___ the sun - rise
My heart - beat's rhy - thm is a

creep - ing in; ___ ev - 'ry - thing chang - es like the
lone - some sound, ___ just like ___ the rub - ber turn - ing

des - ert wind. ___ Here ___ she comes, and then she's
on the ground, ___ al - ways lost ___ and ___

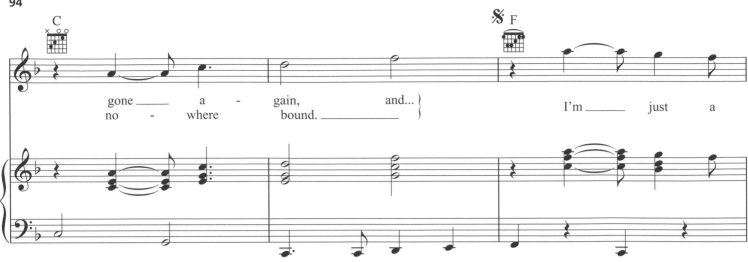

gone _____ a - gain, and...{
no - where bound. _____ }
I'm _____ just a

trav - 'ller _____ on _____ this earth, sure as _____ my

heart's _ be - hind ____ the pock - et of _____ my shirt.

I'll just ____ keep roll - ing till I'm _____ in the dirt, _

'cause I'm a trav - 'ller, oh, I'm a trav - 'ller.

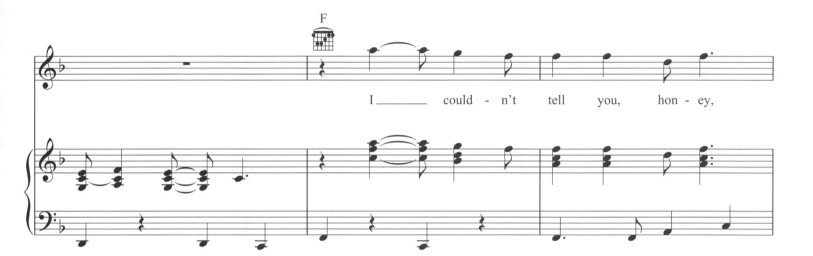

I _____ could - n't tell you, hon - ey,

I _____ don't know where _ I'm _ go - ing, but I've

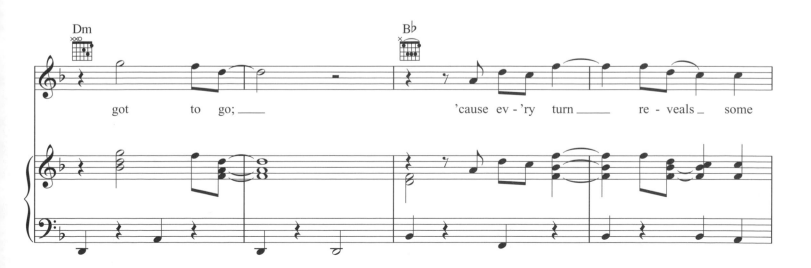

got to go; _____ 'cause ev - 'ry turn _____ re - veals _ some

oth - er road, _____ and I'm a trav - 'ller, oh, I'm a trav-

- 'ller.

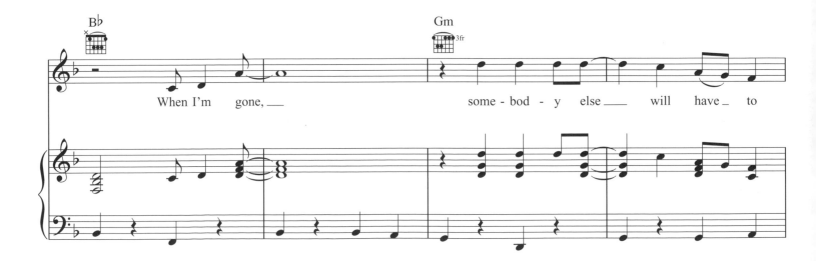

When I'm gone, _____ some - bod - y else _____ will have _ to

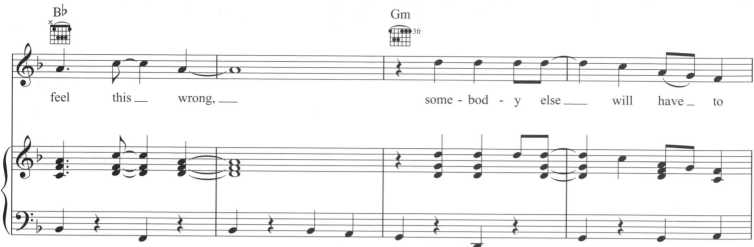

feel this _ wrong, _ some - bod - y else _ will have _ to

sing this _ song, _ some - bod - y else _ will have to

D.S. al Coda

sing a - long, _ sing a - long. _

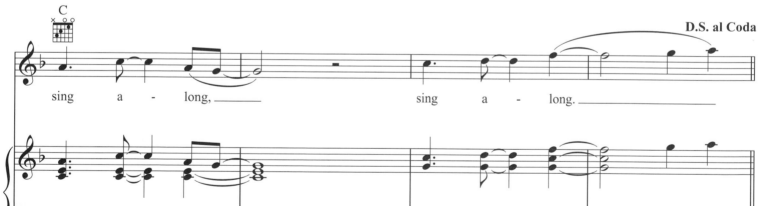

CODA

THIS IS WHAT YOU CAME FOR

Words and Music by CALVIN HARRIS
and TAYLOR SWIFT

Moderate Dance beat

Ba - by, this is what you came _ for. Light - ning

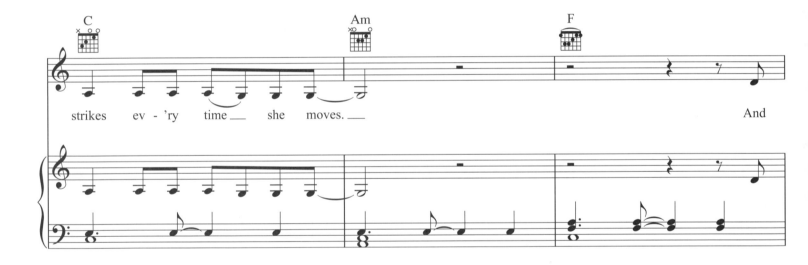

strikes ev - 'ry time _ she moves. _ And

ev - 'ry - bod - y's watch - ing her, but she's look - ing at you, _ ooh, _ ooh, _

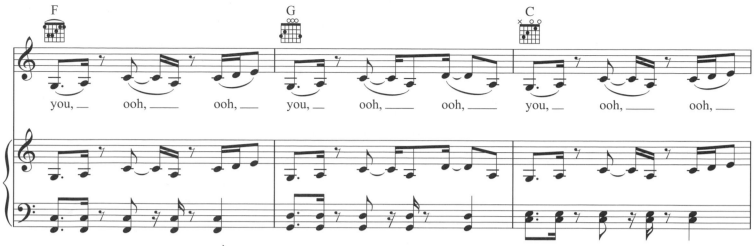

you, __ ooh, __ ooh, __ you, __ ooh, __ ooh, __ you, __ ooh, __ ooh, __

you, __ ooh, __ ooh, __ you, __ ooh, __ ooh, __ ooh. __

__ Ba - by, this is what you came __ for.

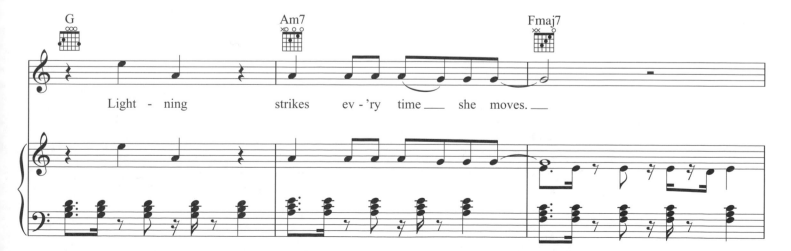

Light - ning strikes ev - 'ry time __ she moves. __

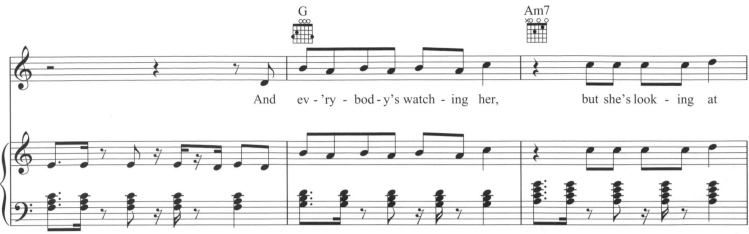

And ev-'ry-bod-y's watch-ing her, but she's look-ing at you, ooh, ooh, you, ooh, ooh, you, ooh, ooh,

you, ooh, ooh, you, ooh, ooh, you, ooh, ooh,

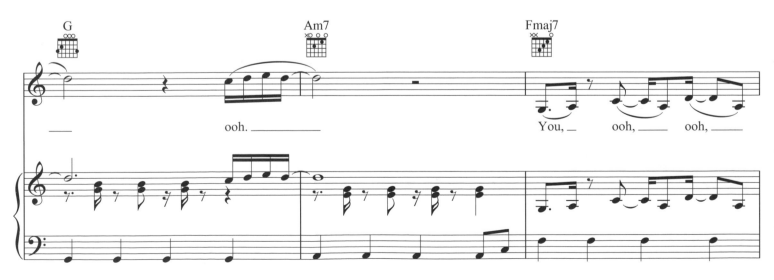

ooh. You, ooh, ooh,

you, ___ ooh, ___ ooh, ___ you, ___ ooh, ___ ooh, ___ you, ___ ooh, ___ ooh, ___

you, ___ ooh, ___ ooh, ___ you, ___ ooh, ___ ooh, ___

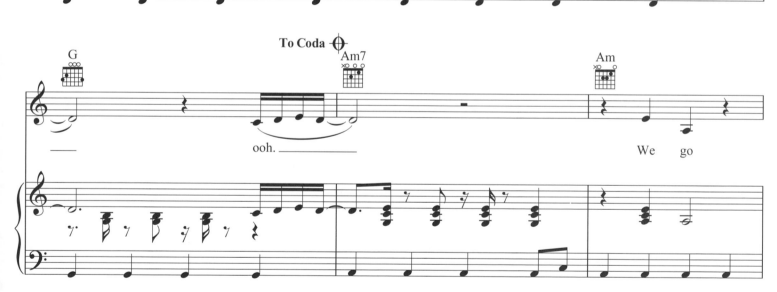

___ ooh. ___ We go

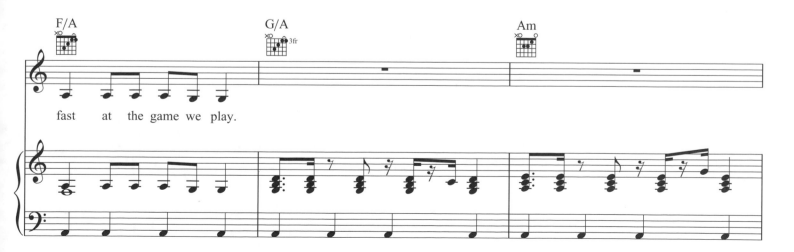

fast at the game we play.

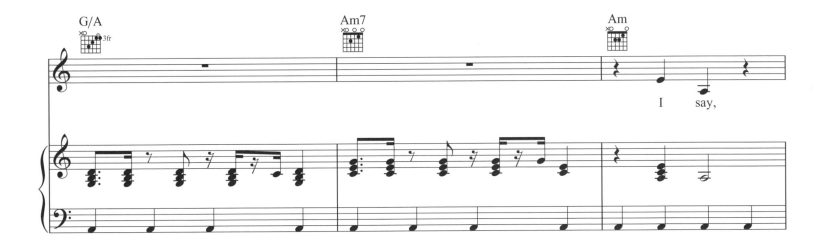

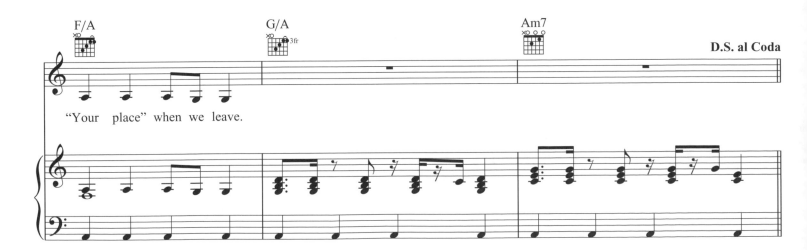

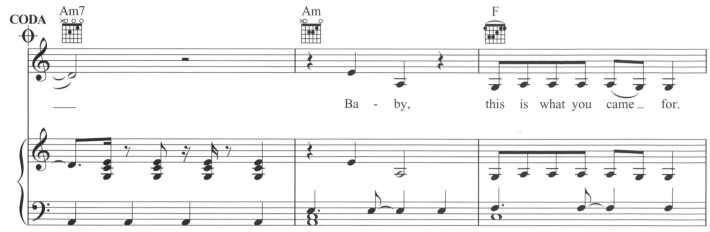

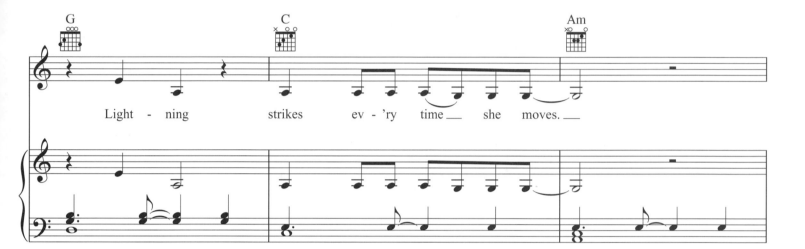

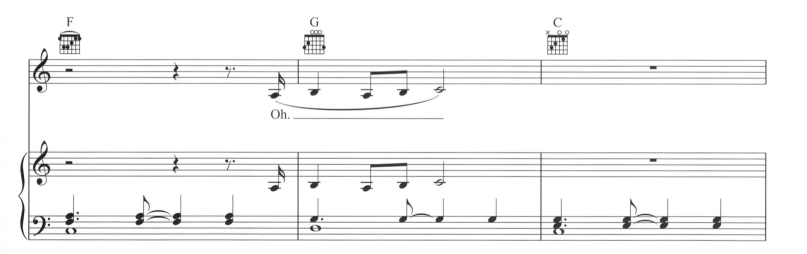

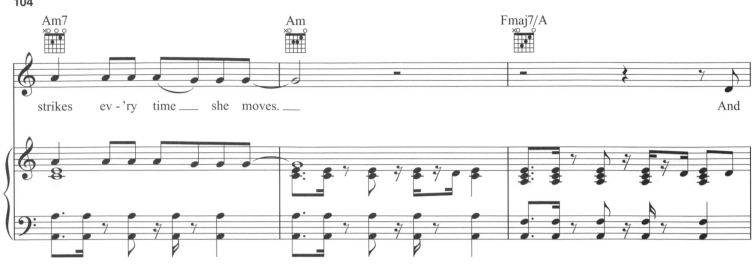

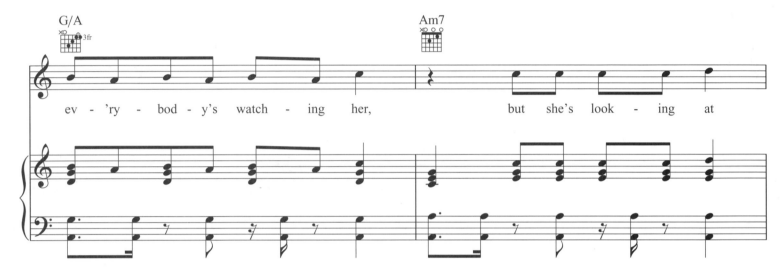

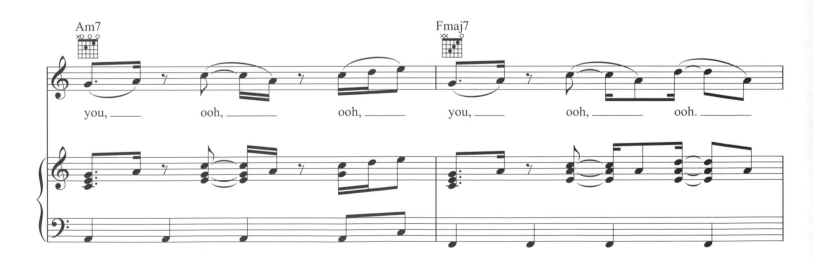

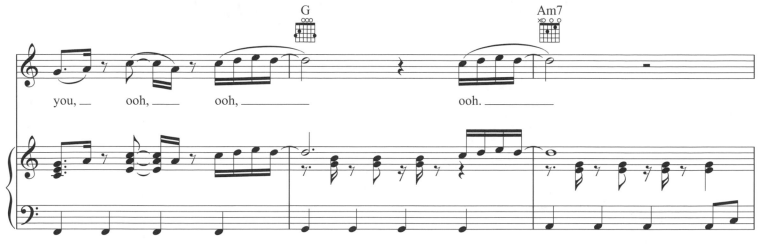

you, ___ ooh, ___ ooh, _____ ooh. _____

You, ___ ooh, ___ ooh, ___ you, ___ ooh, ___ ooh, ___ you, ___ ooh, ___ ooh, ___

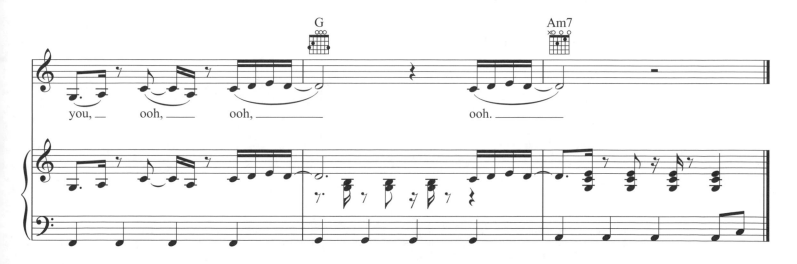

you, ___ ooh, _____ ooh, _____ you, ___ ooh, _____ ooh, _____

you, ___ ooh, ___ ooh, _____ ooh. _____

WHEN WE WERE YOUNG

Words and Music by ADELE ADKINS
and TOBIAS JESSO JR.

1. Ev-'ry-bod-y loves the things you do, ___ from the way you talk ___ to the way you move. ___ Ev-'ry-bod-y here is watch-

- vie, you sound like a song, ___ my god, this re - minds ___
- vie, you still sound like a song, ___ my god, this re - minds ___

___ me of when we were young. ___ }
___ me of when we were young. ___ }
Let me pho -

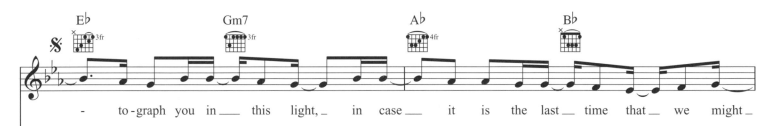

- to-graph you in ___ this light, ___ in case ___ it is the last ___ time that ___ we might ___

___ be ex - act - ly like ___ we were ___ be - fore we re - al - ized we were sad ___

still care. Do you still care? ___ It was just like a mo-

-vie, it was just like a song, ___ my god, this re-minds ___

___ me of when we were young. _____
(When we ___

___ were young, ___ when we ___ were young. When we ___

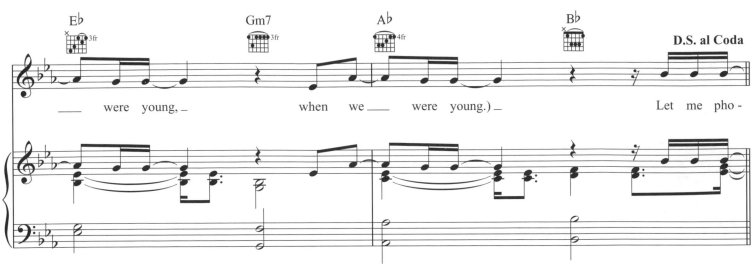

were young, __ when we __ were young.) __ Let me pho-

D.S. al Coda

CODA

-less. __ Oh, I'm so mad, I'm get-ting old, __ it makes me

reck - less. __ It was just like a mo-vie, it was just like a

song __ when we were young.